AF599812

EL MENSAJERO

Una obra de
Antonio Mora & Jorge López

Texto de
Jorge López

Aliarediciones

Corrección: Inés González Calo
Diseño de cubierta: Jaime Galisteo
Maquetación: Aliar Ediciones

Depósito Legal: GR 779-2025
ISBN: 979-13-87823-25-2

Impreso en España

Edita
ALIAR Ediciones
www.aliarediciones.es
info@aliarediciones.es

EL MENSAJERO

Una obra de
Antonio Mora & Jorge López

Texto de
Jorge López

A mi padre, que un día,
sin yo pedírselo, me llevó al teatro

Nota de los autores

Los autores estiman que no es conveniente que el público conozca previamente la obra ni cuántos personajes discurren por ella.

Por otro lado, sí sería recomendable llevar al público a un lugar lejos de las comodidades que ofrece un teatro. Tal vez a un edificio, un espacio tosco y oscuro, donde se mezclen los olores, los colores y las sensaciones.

Ficha técnica

El mensajero se estrenó el 22 abril de 2022
en el Teatro Auditorio Revellin de Ceuta.

REPARTO:

Antonio Arcos

Miguel Angel Vega

Antonio Mora

Con la colaboración en las voces
de Alberto San Juan y Eva Isanta.

DIRECCIÓN:

Jorge López

Dramatis personae

Miguel

Esteban

El hombre

Voz de Marta

Voz de Juanjo

A ojos profanos no hay nada más desolador que un ambiente de hormigón, desnudo. Sin embargo las posibilidades que encierra este espacio solo las conocen Miguel y Esteban. Estos hombres trabajan actualmente en los cimientos de lo que, probablemente en un futuro, se transformará en un templo del ocio para personas con poder adquisitivo. Personas que se dejarán seducir por los trazos de Miguel y Esteban.

Los trazos de Miguel y Esteban están incompletos.

Como la improvisada mesa de trabajo que sirve de soporte a la hora de contemplar los planos.

Como las cajas y el andamio o los salientes, que a veces se convierten en el apoyo de las palabras o en el asiento de la inquietud y el desasosiego.

No hay demasiada luz.

No hay apenas color.

Huele a tiempo.

No hay apenas nada. Sombras. Silencio.

Sin embargo los ojos de Miguel y Esteban no son ojos profanos.

ACTO I

Escena primera. Miguel

Miguel entra en escena. Fuera hace frío. El cometido que le lleva a este espacio no le apetece especialmente, de hecho, ha aprovechado la proximidad del recinto con otro de sus trabajos para liquidar, cuanto antes, responsabilidades que no debían competerle.

Miguel es un hombre despreocupado. Se despoja de sus cosas según va acercándose a la improvisada mesa de trabajo. Chaqueta, bolso, llaves, carpetas y por último, sobre la superficie inventada, unos planos previamente enroscados en tubos portátiles de cartón reciclado.

La luz natural se cuela a través de altos ventanales.

Miguel es un hombre despreocupado, pero enteramente comprometido.

Inconscientemente domina su estado de ánimo. Quiere aprovechar la luz y desenrolla los planos con un creciente interés. Encima de la mesa hay otros planos extendidos inacabados, bocetos, trazos sin sentido, pero guardan similitud con el entorno. Después de compararlos, sin darle demasiada importancia, busca su cámara de fotos digital. Un modelo demasiado sofisticado, probablemente de su propiedad, guardado en su bolso junto a otras cosas, sin una protección especial. Un par de periódicos se asoman curiosos a pesar de las cremalleras.

Miguel es un hombre joven, dinámico, influenciado por publicaciones como Wallpaper, Squire o las versiones más cuidadas de GQ. Interesado en los últimos avances técnicos y audiovisuales. Curtido en una generación cosmopolita por obligación y claramente dividida entre la desmotivación y la ambición.

Pese a los adornos, Miguel es un hombre sencillo.

Verifica los planos. Se desenvuelve con soltura por el espacio. No es la primera vez que ha estado allí. Todo parece perfecto.

El mal tiempo hace peligrar la luz natural. Miguel pretende utilizar un flexo tumbado en la superficie. No enciende. Sigue el cable que serpentea por el suelo hasta dar con el enchufe. Debe darse prisa en tomar las fotos. El flash ilumina las sombras. Produce una luz casi cegadora. Alumbra rincones nuevos, trozos de cemento, pero sobre todo, ayuda a retratar el futuro.

Escena segunda. Esteban

El fogonazo del flash va tomando cada vez más protagonismo ya que la luz exterior, amedrentada por la lluvia, se muestra menos diáfana. Miguel insiste en repasar detenidamente los trazos para situar las instantáneas que necesita del espacio. Precisamente es el resplandor de la cámara quien descubre insolente a Esteban. Agazapado en la oscuridad. Envuelto en su propio cuerpo, cubierto por sus rodillas, protegido por sus brazos que las rodean con fuerza. Ahora se extienden abiertos desde el hombro a la punta de los dedos, intentando protegerse de su delator en una postura casi artificial.

Nunca la luz le había molestado tanto.

Nunca había estado escondido en la oscuridad de ningún sitio.

Escena tercera. Las llaves

MIGUEL: ¿Esteban?... ¡Esteban!... ¿Qué haces?

ESTEBAN: Me he quedado dormido.

MIGUEL: ¿Dormido? ¿Qué haces aquí? ¿Estás bien?

ESTEBAN: ¿Y tú?... ¿Tú qué haces...?

MIGUEL: Tu trabajo. (*Esteban se levanta con dificultad. Sus articulaciones están clavadas en la postura en que lo encontró Miguel. Sus ojos se resienten de la luz*). ¿Te encuentras bien?... Dime, ¿qué haces aquí? ¿Por qué no has ido a trabajar? (*Esteban no contesta. Lo mira fijamente. Se resiente del entumecimiento*). ¿Te ha pasado algo?

ESTEBAN: No.

MIGUEL: (*Se mantiene distante*).

ESTEBAN: ¿Te llegaron los planos?

MIGUEL: ¿Puedes andar?

ESTEBAN: Te los mandé a casa.

MIGUEL: Sí, sí, son estos. Había que revisarlos... ya sabes.

ESTEBAN: Sí. Ya sé. Vacaciones, ¿te suena de algo? (*Se acerca a los periódicos*).

MIGUEL: (*Se dispone a volver al trabajo. Situación incómoda por ambas partes*). La verdad, no entiendo qué haces aquí, tú sabrás.

ESTEBAN: ¿Son de hoy? (*Refiriéndose a los periódicos*).

MIGUEL: ¿Qué? ¡Ah! Sí, son de hoy, claro. ¿Cómo has llegado? No he visto tu coche. (*Esteban lleva los periódicos a la mesa conteniendo su interés*). Los planos están bien, solo quería comprobar un par de cosas. Y hacer las fotos. No hiciste las fotos. Vamos muy retrasados. (*Esteban pasa las páginas con rapidez. Busca algo. Quizás ni siquiera escucha a Miguel*). ¿Te traigo un café? Oye, si no consigues llegar a un acuerdo con el cliente esto no estará para el verano. (*Silencio*). Yo he terminado. ¿Quieres... que te lleve a algún sitio?

ESTEBAN: Sí. (*Contesta por obligación, ausente*).

MIGUEL: ¿Y con esta pared?... ¿Qué habéis decidido?

ESTEBAN: Dejarla ahí. Y revestirla con láminas de carbono. A mí me parece una estupidez.

MIGUEL: Es una estupidez bastante cara. Ellos sabrán. Te mando las fotos por *email*.

ESTEBAN: Vale.

MIGUEL: ¿Qué estás buscando?

ESTEBAN: No, nada... solo quería mirar...

MIGUEL: Bueno, yo me largo. Tú... ¿te quedas?

ESTEBAN: No, no... yo también me marcho. (*Desorientado. Como si le resultara difícil alejarse de los periódicos*).

No sé dónde he puesto mi chaqueta... ni mis... (*Se dispone a buscar*).

MIGUEL: (*Esteban busca*). Si en la empresa se enteran de que estás trayendo por aquí tus historias la vas a fastidiar.

ESTEBAN: ¿Qué historias? Yo no he traído ninguna historia.

MIGUEL: Ya.

ESTEBAN: Te hablo en serio.

MIGUEL: Ya. ¿Dónde he dejado...? (*Se refiere a las llaves de su coche*).

ESTEBAN: Te lo diría sin ningún problema.

MIGUEL: Claro. Y tú... ¿dónde te has metido? Me refiero después de tus vacaciones.

ESTEBAN: En ninguna parte.

MIGUEL: Tú mismo. (*Miguel busca*). ¿Dónde he puesto las llaves?

ESTEBAN: ¿Por qué lo preguntas?

MIGUEL: Porque estoy seguro de haberlas traído.

ESTEBAN: No, me refiero a por qué me has preguntado eso.

MIGUEL: ¿Porque todo el mundo andaba buscándote...? Hay mucho trabajo, ya lo sabes. ¿Te has metido en algún lío?

ESTEBAN: No.

MIGUEL: Tendrían que estar por aquí encima...

ESTEBAN: ¿Cuántos días?

MIGUEL: ¿Qué? (*Silencio*). ¿No sabes los días que has estado por ahí? Joder. Anda, ayúdame a buscar las llaves.

ESTEBAN: Claro que lo sé, hombre. Te lo preguntaba porque...

MIGUEL: Yo las traía en la mano, estoy seguro.

ESTEBAN: ¿Has mirado bien aquí? (*Se refiere al bolso*).

MIGUEL: Sí. (*Silencio. Buscan las llaves*). ¿Es una de tus bromas?

ESTEBAN: No.

MIGUEL: Oye, mira, estoy cansado... Dame las llaves.

ESTEBAN: Miguel, no tengo tus llaves.

MIGUEL: Sí tienes mis llaves, joder. Las traía en la mano, estoy seguro. Dame las llaves, Esteban.

ESTEBAN: Te juro que no las he cogido. ¿Por qué iba a coger las putas llaves?

MIGUEL: Porque siempre tienes que hacerte el simpático. (*Mirando debajo de los periódicos*). Oye, en serio, si es una de tus bromas me parto de risa, pero ya vale. Dame las llaves. No me apetece quedarme aquí mucho tiempo...

ESTEBAN: ¿Por qué?

MIGUEL: ¿Por qué? ¿Tú qué te has fumado? (*La luz parpadea*). Mira, seguramente te lo pasas aquí de puta madre, pero yo me quiero largar. Dame las llaves.

ESTEBAN: (*Nervioso*). ¡No tengo las llaves!... A lo mejor se te han caído por el suelo.

MIGUEL: No hay nada en el suelo.

ESTEBAN: (*Nervioso*). A lo mejor te las has dejado puestas.

MIGUEL: Las traía en la mano.

ESTEBAN: (*Nervioso*).¿Y no se te han podido caer?

MIGUEL: Esteban, dame las llaves de una puta vez.

ESTEBAN: (*Enfadado*).¡No las tengo!... ¿no me crees?... ¡Regístrame!

MIGUEL: Voy a hacerlo, Esteban...

ESTEBAN: (*Descarado*). ¡Venga! ¡¡Vamos!!

MIGUEL: ...y como tengas las llaves... (*Miguel registra sus bolsillos. La luz parpadea con más frecuencia produciendo un zumbido*).

ESTEBAN: No tengo las llaves... (*Calmado y resignado. Convirtiendo este hecho en algo mucho más grave con su tono de voz*). Te lo dije, no las tengo yo.

(*La luz baja de intensidad con rapidez. El zumbido es mucho más sonoro. Hay algo extraño en la actitud rendida de Esteban. La luz los ilumina a duras penas. Parece como si el espacio se los estuviera tragando*).

Escena cuarta. La luz

ESTEBAN: La luz...

MIGUEL: ¿Qué pasa con la luz?

ESTEBAN: Suele pasar. Primero baja de intensidad, luego el zumbido... después... a oscuras.

MIGUEL: ¿Y el centro de transformación? Esteban, ¿te molestaste en echarle un vistazo? Esteban, ¿qué te pasa?...

ESTEBAN: No lo sé.

MIGUEL: Yo sí lo sé. A ver... (*Buscando. Pensando. Consigo mismo*). Dónde estarán las llaves...

ESTEBAN: No te preocupes, no tardará en llegar.

MIGUEL: Antes de irme miraré la instalación. Joder, Esteban, no entiendo qué mierda de trabajo estás haciendo. Me vas a meter en un problema, y esta vez no voy a poder hacer nada.

ESTEBAN: No te preocupes. No creo que importe...

MIGUEL: Me encanta esa actitud... que no importa... ¿Dices que la luz no tarda mucho en volver?

ESTEBAN: No.

MIGUEL: Pues en cuanto vuelva vamos al centro de transformación. Y nos largamos. Si no encuentro las llaves, llamaremos a un taxi. (*Recapitulando*). ¿Por qué...? Esteban, ¿cuánto tiempo llevas metido aquí? (*Esteban se funde en el silencio del lugar. Miguel cambia de actitud. Se acerca a él, no solo físicamente*). Todo el mundo me ha estado preguntando por ti, ¿sabes?: en realidad nadie se enfada contigo porque no vayas a trabajar. Todos te excusan, menos tu padre, claro. Eso es un don.

ESTEBAN: Prescindible. A eso se le llama prescindible. Creo que nunca he hecho mucha falta en ninguna parte. Pero ya sabes cómo soy. Lo que ves, no hay mucho más.

MIGUEL: ¿A qué viene este rollo?

ESTEBAN: Estoy tan cansado... Tengo las manos dormidas. Y las piernas. Y frío... ¿no hace demasiado frío aquí dentro?

MIGUEL: ¿Quieres mi chaqueta?

ESTEBAN: La rutina me hace estar cómodo con todo lo que tengo, aunque no me guste.

MIGUEL: Tú has tenido siempre lo que te ha dado la gana. Por eso no le das valor a nada.

ESTEBAN: Estoy convencido de haberme equivocado eligiendo las cosas que podían ser importantes en mi vida.

MIGUEL: No te puedes quejar...

ESTEBAN: Nunca me ha importado el dinero. Ni chaquetas como esta. Las llevo porque trabajo en un sitio donde todo el mundo las lleva, nada más.

MIGUEL: Pero también tenemos que acoplarnos, adaptarnos, dejarnos llevar... es más fácil. ¿No te parece?

ESTEBAN: En realidad siempre he necesitado muy poco para vivir, porque a mí eso es lo único que me gusta hacer.

MIGUEL: Pero para vivir se necesita dinero. Y solo cuando tienes mucho crees necesitar poco. Y ahora, por qué no sacas uno de esos que te has fumado y esperamos a que venga la luz.

ESTEBAN: No me he fumado nada.

MIGUEL: ¡Venga ya!

ESTEBAN: En serio... no he estado fumando... ¿de verdad quieres uno? (*Irónico*). Miguel rozando los límites de la ley...

MIGUEL: No seas gilipollas.

ESTEBAN: En serio, no he estado fumando... ni siquiera tengo...

(*La intensidad de la luz comienza a subir progresivamente acompañada del zumbido*).

Escena quinta. El viaje

ESTEBAN: La luz.

MIGUEL: Todos pasamos por malas rachas.

ESTEBAN: No lo entiendes.

MIGUEL: Ya sabes lo que pienso de ti. ¿Nos vamos? Es muy tarde, mejor volvemos mañana.

ESTEBAN: Creo que he tenido un accidente.

MIGUEL: ¿Crees? (*Estaban asiente*). ¿Cómo que crees? Un accidente se tiene o no se tiene. Esteban, ¿vas a contarme de una vez en qué estás metido?

ESTEBAN: Es que no estoy muy seguro.

MIGUEL: ¿Qué clase de accidente? ¿Con el coche? ¿Ha sido con el coche...?

ESTEBAN: Más o menos...

MIGUEL: Déjate de historias... cuéntame... ¿qué ha pasado?

ESTEBAN: Quería marcharme.

MIGUEL: ¿A dónde?

ESTEBAN: (*Desesperado*). No lo sabía. No había un sitio concreto.

MIGUEL: ¿Y dónde fuiste?

ESTEBAN: A ninguna parte. Aquí, supongo. Te lo he dicho muchas veces, esta ciudad te devora. Yo necesitaba salir. Respirar. Estaba cansado, Miguel. En serio. Pedí esos días, pero estaba convencido de no volver. Te mandé los planos. Si hubiera hablado contigo me hubieras quitado la idea de la cabeza. De todos modos ya no hablamos mucho, así que te los envié. Luego me acordé que había olvidado incluir las fotos y te imaginé exactamente haciendo lo que has hecho. Cogí el coche y me puse a conducir, sin más. ¿Lo has probado? ¿Has probado a conducir hacia ninguna parte? Me acordé de los días que pasé en la playa, con Marta y contigo. No veía el mar desde aquella vez. Así llegué a tenerlo delante. Y supe quc no volvería. Estaba seguro.

MIGUEL: Cálmate, ¿quieres...?

ESTEBAN: Pasé allí el resto de los días. Rodeado de gente, ya me conoces. Dormía en el coche, follaba en el coche, hacía fiestas en el coche... ya me conoces. Intenté hacer lo que me enseñaste... esas mariconadas encima de la tabla, con la vela y todo ese rollo del viento... bueno, soy de ciudad. He crecido rodeado de hormigón. Me bastaba con ver amanecer todos los días. Esperaba.

MIGUEL: ¿El qué?

ESTEBAN: Una señal. Algo que me diera una pista sobre cuál debía ser mi siguiente paso. La busqué en todas partes, en la música, el mar... en la gente que conocía... todo se degeneró un poco más de la cuenta. Así que decidí marcharme sin abandonar la costa. Había hecho un tiempo cojonudo, pero empezó a llover y yo lo interpreté como una señal. Encontré a una pareja haciendo dedo. Al verlos supe que ellos tenían la pista que andaba buscando. ¿Por qué no? Les deje subir...

MIGUEL: ¿Dónde?...

ESTEBAN: No recuerdo... Lo pasamos bien. Ella era fantástica. Guapa. Él era grande... hablaba mucho. Creí que eran pareja, pero eran solo amigos. Hablamos y hablamos, así varios días. Con una tía así en el coche ya te puedes imaginar lo que pasó... Ellos también buscaban su lugar. Cenamos en un sitio cutre. En mitad de no sé dónde. Al regresar al coche el tipo grande ya estaba dormido. Conduje varios kilómetros, cansado. Ella atrás. A veces su amigo conducía por mí. Pero esa noche lo tenía a mi lado y en algún momento me apuntó con una pistola que nunca había visto. Me pidió que parara, me pidió la cartera y que saliera del coche. Yo intenté tranquilizarle. Se gastaba una mala leche que tampoco había visto en esos días. Temí por ella, pero ella estaba encantada. Forcejeamos. Me daba todo igual. ¿Qué clase de señal tenían para mí? Forcejeamos, un disparo y pensé: «ya estás muerto, ahí tienes tu señal». Pero no. El tipo empezó a echar sangre por la boca. Yo lo empujé contra la puerta. Lo tiré a la carretera. La puta gritaba. Salió del coche. Yo también. Estaba en la carretera... intentando seguir vivo. Ella lo llamaba «cariño», y por otro nombre... lo abrazaba llorando... de repente tenía la pistola en mis manos... Volví al coche. Estaba asustado... nervioso... no paré el coche hasta... poco antes de amanecer... tiré sus cosas, sus mochilas... sus ropas... y cuando recuperé la conciencia... estaba de vuelta.

MIGUEL: ¿Por qué no fuiste a la policía?

ESTEBAN: Sentía la pistola en la mano. La he estado sintiendo hasta hace muy poco. Ahora no siento nada. Puedes pincharme las manos que no lo notaré. Estoy asustado, Miguel.

MIGUEL: Vamos a ver... ¿dónde ocurrió?... intenta hacer memoria... alguna indicación... algo.

ESTEBAN: No tengo memoria.

MIGUEL: ¿Que no tienes memoria?... Vamos a ver, Esteban, es muy importante que recuerdes dónde pasó... ¿qué hiciste con la pistola?

ESTEBAN: Supongo que la tiré.

MIGUEL: Joder...

ESTEBAN: Sigo asustado.

MIGUEL: ¿Y el coche? ¿Dónde está?

ESTEBAN: No lo sé.

MIGUEL: ¿No sabes nada?... ¿no sabes dónde fue?, ¿no sabes dónde está tu coche?... ¿Hay algo más?

ESTEBAN: No.

MIGUEL: Creo que lo mejor será ir a la policía...

ESTEBAN: No, a la policía no, por favor. Yo le disparé... o eso creo. Porque yo tenía la pistola en la mano cuando salí del coche. Debí cogerla al pelearnos...

MIGUEL: Pero fue en defensa propia, intentaremos...

ESTEBAN: No quiero ir a la policía... no quiero ir a la policía... no quiero salir de aquí.

MIGUEL: Está bien... cálmate. Cálmate... estás temblando... tranquilízate... Camina, intenta entrar en calor. Voy a llamar un taxi.

ESTEBAN: ¿Dónde vamos?...

MIGUEL: No lo sé... supongo que deberíamos buscar tu coche... tiene que estar en alguna parte. ¿Llegaste con él? (*Esteban no está seguro*). ¿Llevas todos estos días escondido aquí? (*Esteban asiente, pero sin demasiada seguridad*). ¿No has salido?... (*Esteban niega con la cabeza*).... ¿No has comido nada?... ¿No...? (*Deja de preguntar*). Joder, Esteban...

ESTEBAN: Es mejor que te vayas. Yo no quiero complicarte la vida, de verdad. Ya pensaré en algo. Eran delincuentes... a lo mejor no han ido a la policía... a lo mejor no murió... ¿Has visto las noticias estos días?...

MIGUEL: (*Niega con la cabeza. Ahora entiende la actitud de Esteban ojeando los periódicos*). Vamos a ver... ¿Me lo has contado todo? (*Esteban asiente, seguro*). Tendremos que buscar el coche... ¿No te traería alguien? ¿No estuviste con más gente?

ESTEBAN: No. (*Se sienta en alguna parte*).

MIGUEL: No lo entiendo.

ESTEBAN: ¿Te das cuenta? Soy carne de cañón para los problemas. Siempre ha sido así.

MIGUEL: ¿Te metiste algo? (*Esteban niega, absolutamente convencido*). No puede ser que no recuerdes nada... no te puedo creer.

ESTEBAN: Yo no te mentiría... te estoy contando la verdad. Cuando has llegado he deseado con todas mis fuerzas que no me descubrieras. Pero también estaba deseando con todas mis fuerzas que alguien pudiera ayudarme. Y otra vez tú.

MIGUEL: ¿Has hablado con tu hermana?

ESTEBAN: No sé dónde dejé mis cosas...

MIGUEL: ¿Cuántos días llevas aquí?

ESTEBAN: Tres... cuatro... me parece que tres.

MIGUEL: (*Le tiende la mano con la intención de ayudarle a levantarse*). Vámonos. Iremos a mi casa... te quedarás allí unos días... yo, mientras, intentaré averiguar algo.

ESTEBAN: Ya no tiene mucho sentido que te sientas obligado...

MIGUEL: Eso no tiene nada que ver. Está claro que debió ocurrir algo más... (*Busca su teléfono móvil*)... y si no te metiste nada... no hay cobertura aquí dentro. Vamos... deja eso. (*Se refiere a los planos*). Mandaré a alguien mañana... ¿qué te pasa?

ESTEBAN: Estoy un poco mareado...

MIGUEL: Abróchate la chaqueta... hace frío fuera. Será mejor que paremos en alguna parte para que comas algo... espero haberme dejado las llaves puestas... a lo mejor tenías razón, y se me han caído por el camino. Espera aquí un momento... voy a salir a mirar...

ESTEBAN: Prefiero ir contigo... estoy harto de este sitio.

MIGUEL: Vale... vamos.

Escena sexta. Observados

Un pitido estridente cae sobre ellos. Suena con una intensidad desagradable al oído. Es difícil relacionarlo con una alarma o una sirena, pero mantiene su ímpetu de forma parecida, desorientando a Miguel y Esteban, interrumpiendo su marcha. Una nota constante que se sostiene hasta que la luz se apaga de golpe.

MIGUEL: ¿Qué ha sido eso?

ESTEBAN: No lo había oído antes...

MIGUEL: ¿Qué es eso?

ESTEBAN: ¿El qué?...

MIGUEL: ¿No oyes?... (*Esteban no quiere contestar*).

(*Un suave murmullo flota en el ambiente, como un aliento, como un comentario indiscreto, como una respiración entrecortada...*).

MIGUEL: ¿Puedes llegar hasta los fusibles?

ESTEBAN: ¿Para qué?

MIGUEL: ¿Puedes llegar o no?

ESTEBAN: Pero es mejor que nos vayamos...

MIGUEL: ¡Calla!... (*Silencio*). ¿Has oído?...

ESTEBAN: Hay unas linternas ahí...

MIGUEL: Cógelas...

ESTEBAN: ...las encontré de casualidad...

MIGUEL: ¡Calla!... ¿Oyes?...

(*Esteban enciende una de las linternas iluminado directamente al frente. Son linternas grandes, potentes. Pueden lanzar un haz de luz bastante inquietante sobre la escena*).

ESTEBAN: Conozco esa sensación.

MIGUEL: ¿Qué sensación? (*Esteban le entrega una linterna*).

ESTEBAN: Creer que nos observan... ¿No tienes la impresión de que nos están mirando?

MIGUEL: No, no tengo esa impresión...

ESTEBAN: ¿Y por qué me has mandado a callar?

MIGUEL: Porque he creído... Esteban, los fusibles...

ESTEBAN: ¿Qué has creído?

MIGUEL: ¡Joder, Esteban!... (*Intenta calmarse*). ¿Podemos echar un vistazo?

ESTEBAN: Iré yo... de todos modos se encienden cuando les da la gana...

(*Miguel camina despacio... iluminando su alrededor. Sigue escuchando ese rumor tan parecido al viento. Sin embargo tiene la necesidad de iluminar al frente, a su derecha, otra vez al frente. A veces el siseo se hace tan evidente, tan indiscreto, que resulta difícil pensar en un efecto de la naturaleza. Afuera llueve copiosamente. Los destellos de la linterna de Esteban anuncian su regreso...*).

ESTEBAN: Están bien, no sé por qué no hay luz.

MIGUEL: ¿No han saltado? ¿No se han quemado?

(*Tres focos con carácter industrial, estratégicamente situados en el espacio, se encienden a la vez produciendo un efecto óptico desagradable sobre ellos*).

ESTEBAN: Te lo dije... se encienden cuando les da la gana.

MIGUEL: ¿Y esa luz?

ESTEBAN: ¿Qué luz?

MIGUEL: Esa... en el suelo... allí...

ESTEBAN: No tengo ni idea.

Escena séptima. La trampilla

Miguel se acerca a una débil línea de luz que forma un cuadrado incompleto sobre el suelo.

MIGUEL: ¡Ven aquí!... (*Esteban es reticente a acercarse*). Coge la otra linterna... alumbra. ¿Qué es esto? (*Miguel palpa el suelo*). Es una trampilla. Acércate... ¿quieres dirigir esa luz aquí?

ESTEBAN: ¿Una trampilla...?

MIGUEL: Sí, una puerta... un acceso a algún sitio, pero esto... (*Se levanta rápido y consulta los planos ayudándose de su linterna*). Esta entrada no está dibujada en los planos. ¿Por qué?

ESTEBAN: Porque... no la había visto hasta ahora.

MIGUEL: ¿Qué no lo habías visto?... ¿Pero tú qué coño has estado haciendo? Se me va a caer el pelo por tu culpa... ¿que no la has visto?...

ESTEBAN: (*Alejándose*). No, es la primera vez que la veo.

MIGUEL: La primera vez.

ESTEBAN: ¿Qué vas hacer?

MIGUEL: Abrirla... tendremos que saber cómo afecta a la estructura...

ESTEBAN: Pero podemos hacerlo otro día... mañana.

MIGUEL: ¿Antes o después de encontrar tu coche? ¿Antes o después de saber qué hago contigo? Tu hermana me lo advirtió, pero...

ESTEBAN: Ya te he dicho que no tienes por qué sentirte obligado.

MIGUEL: Todo esto es responsabilidad mía... ¿lo comprendes?

ESTEBAN: No tiene por qué afectar a toda la estructura...

MIGUEL: ¿Y cómo lo sabes? Tú solo sabes enredarle la vida a todo el mundo y dejar con el culo al aire a todo el que hace algo por ti. Todo lo que estás haciendo en este proyecto está bajo mi responsabilidad... pero a ti eso te da igual... a ti todo te da igual... alumbra aquí... coño.

ESTEBAN: Lo siento. (*Gira con cierta dificultad una de las lámparas industriales, iluminando así todo el recorrido, incluido el frente, hasta llegar a la trampilla*).

MIGUEL: ¿Cómo se abre esto?

ESTEBAN: Tienes razón... siempre tienes razón... (*Esteban se aleja de la trampilla otra vez. Se quita la chaqueta y la deja sobre los planos. Con resignación, ilumina a Miguel dirigiendo otro de los focos industriales. Gira la lámpara con un recorrido inverso al anterior mientras Miguel introduce los dedos por la ranura iluminada en el suelo, intentando levantar lo que parece una puerta*).

MIGUEL: Ya... creo que ya cede...

(*Es evidente que Esteban está muy preocupado. Pero en las palabras de Miguel no radica su preocupación, ni su manera evasiva de actuar. Miguel intenta levantar la portezuela. Parece pesada. El movimiento es lento. La luz que emerge del interior tiene una tonalidad sucia, extraña. Casi lo ha conseguido. Desde el interior, algo o alguien procurando salvaguardar su intimidad, ha cerrado la portezuela con fuerza, de un golpe. El estruendo y la sorpresa que produce el cierre han empujado a Miguel hacia atrás, cayendo sobre el suelo. Esteban, aterrado, arrastra la luz de una linterna sobre Miguel y la trampilla*).

ESTEBAN: ¿Qué ha sido eso? (*Sin acercarse*).

MIGUEL: Creo que ahí abajo hay alguien.

(Oscuro).

(Fin del primer acto).

ACTO II

Escena primera. Objetos

Las sombras han crecido a través del suelo. Sobre Miguel y Esteban. Sobre sus silencios y sobre las palabras. De alguna manera, los separan. Parecen hombres distintos. Miguel, con los brazos desnudos, está entregado a la labor de abrir la portezuela. No habla a pesar de Esteban, no quiere hacer más preguntas a pesar de los acontecimientos. La trampilla parece haberse fraguado con el hormigón. Sus esfuerzos por abrirla parecen inútiles, pero Miguel insiste, obcecado, preocupado, áspero.

Sombras. Acentuadas por esos focos industriales, tan estratégicos como inquietantes.

Esteban espera. Observador, prudente, rendido a esperar. Espera. No quiere acercarse, mantiene la distancia del que sabe.

MIGUEL: (*Descansando*). Busca algo que me pueda servir...

ESTEBAN: No hay más herramientas. (*Se acerca a la mesa improvisada, haciendo referencia a unos destornilladores olvidados*).

MIGUEL: Ya sé que no hay más herramientas, pero no te quedes ahí... sin hacer nada... algo habrá que nos pueda ayudar...

ESTEBAN: Querrás decir que te ayude... (*Miguel lo mira de un modo hiriente, anulándole. Esteban termina la frase, cabizbajo, intimidado*).... tú eres el que se ha empeñado en abrirla...

MIGUEL: ¿Me acercas otro destornillador?

ESTEBAN: (*Aceptando que Miguel no va a desistir en la labor, coge un tubo de acero de considerable longitud. Uno de sus extremos está machacado*). Prueba con esto.

(*Miguel coge el tubo. Examina el extremo machacado. Lo introduce por uno de los bordes de la trampilla. La longitud del tubo le permite utilizarlo como palanca*).

MIGUEL: Tiene que haber un cierre, un pestillo... (*Sigue intentándolo*).

ESTEBAN: Inténtalo por el otro lado. (*Sin acercarse demasiado*).

MIGUEL: (*Sigue el consejo de Esteban sin hacerle partícipe*). Aquí parece que hay más holgura...

ESTEBAN: ¿No cede?

MIGUEL: (*Consigo mismo*). El caso es que está atornillado... ni siquiera hay puntos de soldadura.

ESTEBAN: ¿Y bisagras?

MIGUEL: (*Como si no hablara con Esteban*). Quedarán por dentro. Supongo. La puerta estará articulada.

ESTEBAN: A lo mejor está encajado.

MIGUEL: (*Cansado*). ¿El qué?

ESTEBAN: El marco, puede estar encajado al suelo.

MIGUEL: No creo... estará sujeto al hormigón, desde dentro. (*Abandona el tubo*).

ESTEBAN: (*Va hasta la mesa y elige de entre varios tamaños, un destornillador largo y fino*). Prueba con este. (*Se lo lanza*). Mételo por la parte más ancha. Intenta tantear los extremos. (*Miguel lo introduce por la parte más ancha y examina los extremos*). Eso es. (*Sigue atentamente el recorrido del destornillador*). Si no puedes abrir la puerta es porque estará cerrada con algo... una cerradura, un pestillo... a lo mejor está trancada... (*Después de intentar un acercamiento y mientras Miguel palpa con el destornillador los bordes de la trampilla solo les queda un incómodo silencio*). ¿Has... notado algo?

MIGUEL: (*Lo mira. Se ríe concediéndose un breve descanso*). ¿Que si noto algo?... joder... (*Vuelve a meter el destornillador*). Aquí puede estar la cerradura... pero ¿cómo la abrimos? Es imposible...

(*La sonrisa de Miguel ha relajado la situación entre los dos. Al menos Esteban se muestra más relajado en la conversación*).

ESTEBAN: ¿Por qué no lo dejas? Si hay alguien ahí dentro, quien lo tiene que sacar es la policía, no nosotros.

MIGUEL: Si pudiera llamarles ya lo habría hecho. (*Tira el destornillador hacia un lado*).

ESTEBAN: ¿Y si no hay nadie?... ¿Y si te ha parecido...?

MIGUEL: (*Suspira. Niega con la cabeza. Convencido. Busca algo que le sirva de ayuda*). Te aseguro que alguien me ha cerrado la puerta...

ESTEBAN: La puerta pesa mucho, ¿no?

MIGUEL: ¿Qué tiene eso que ver?

ESTEBAN: A lo mejor se te ha resbalado y has creído que alguien tiraba de ella para cerrarla. Te estás tomando demasiadas...

MIGUEL: (*Ha cogido un pedazo de tubería oxidada*). He notado perfectamente cómo la cerraban desde dentro... (*Golpea los extremos de la trampilla con la tubería*).

ESTEBAN: Y en el caso de que hubiera alguien...

MIGUEL: Cállate, Esteban. (*Lanza la tubería contra el suelo. Busca. Con la mirada, con las manos, sobre la mesa*).

ESTEBAN: Quiero irme, Miguel.

MIGUEL: ¿Y esto? (*Láminas de cobre oxidadas, manipuladas, cortadas en pedazos largos y estrechos*).

ESTEBAN: Estaban ahí... (*Miguel coge algunos cortes y se dirige a la trampilla*). ¿Qué vas a hacer?

MIGUEL: No lo sé. Pero me gustaría que dejaras de hacer preguntas y de comportarte como si te jodiera que intente abrir esa puerta. No me estoy tomando demasiadas molestias, me estoy tomando las molestias justas, ya que tú vienes a hacer un trabajo del cual yo soy responsable y eres incapaz de hacerlo bien. Tan sencillo como eso. ¿Te quieres ir? (*Irónico*). Yo no... yo prefiero quedarme... desde que he llegado estoy muy entretenido.

ESTEBAN: Lo siento.

MIGUEL: Es que mañana, cuando llegue a la oficina, no me apetece explicar que mi ingeniero técnico ha pasado por alto un acceso en el suelo de ¿cuánto?, ¿dos por dos? Y cuando me pregunten que cómo afecta este detalle a la estructura, tampoco me apetece explicar que no tengo ni idea, porque cuando iba a comprobarlo, justo en ese momento, alguien nos cerró la entrada.

ESTEBAN: No deberías mencionar ese detalle...

MIGUEL: ¿Y qué puedo decir? Aparte de que vamos a tardar más... ¿que tenemos inquilinos en el edificio? Si no menciono ese detalle, tendré que escuchar lo de siempre. Si no te quito la mierda, tendré que darle la razón...

ESTEBAN: No tiene que importarte lo que él diga. La culpa no es tuya. Siento todo esto, de verdad que lo siento.

MIGUEL: Deja de decir «lo siento» de esa manera. (*Con desdén*). Lo siento, lo siento... que no me importe lo que diga... (*Silencio. Vuelve contra él*). ¿Y cómo se hace? Mañana me preguntará por ti como si yo tuviera la obligación de saber dónde te metes, lo que ya es bastante violento, porque estoy harto de dar explicaciones... y no solo a él, a todo el mundo. Así que por lo menos llegaré con esto acabado, para que nadie me tenga que restregar que tenían razón respecto a ti.

ESTEBAN: Pero buscaremos mi coche, ¿verdad? (*Miguel lo mira detenidamente. Esteban parece a veces un niño asustado*).

Escena segunda. Sonidos

Miguel vuelve con los pedazos de cobre a la trampilla. Introduce uno por las ranuras intentando seguir el recorrido del marco. Son maleables, necesita de otros para continuar hasta un punto donde la chapa no avanza más, Esteban se atreve a advertírselo.

ESTEBAN: De esa zona no pasan, si insistes... ten cuidado... o se colará... (*Miguel pierde un pedazo de cobre*). Te lo dije. (*Silencio*).

MIGUEL: (*Recapacitando*). ¿Cómo lo sabías?

ESTEBAN: (*Silencio*).

MIGUEL: ¿Cuántas se te han colado...? ¿Qué has hecho con las otras herramientas?

ESTEBAN: Te juro que no había más herramientas.

MIGUEL: ¿Tú machacaste el tubo?... La has intentado abrir... ¿Has intentado abrirla?

ESTEBAN: (*Silencio*).

MIGUEL: La has intentado abrir...

ESTEBAN: (*Silencio*).

MIGUEL: Lo has intentado... ¿por qué no me lo has dicho?

ESTEBAN: Creí que era más importante lo que me había pasado.

MIGUEL: ¿Hay alguien ahí dentro?

ESTEBAN: No.

MIGUEL: No me vaciles, Esteban...

ESTEBAN: (*Silencio*).

MIGUEL: ¡Contesta, coño...!

ESTEBAN: Miguel, no hay nadie... De verdad que no. En todos estos días no he visto a ninguna persona salir de ahí...

MIGUEL: No te creo.

ESTEBAN: Te estoy diciendo la verdad. Tienes razón, la descubrí hace unos días...

(*Miguel le hace un gesto leve con la mano, ha creído escuchar algo cerca de ellos*).

ESTEBAN: Pero tienes que saber algo...

MIGUEL: Calla... (*Insiste*).

ESTEBAN: Cuando hice los planos eso no estaba ahí... (*Miguel cree que los sonidos que oye provienen de la trampilla*). ¿Me has entendido?... no estaba.

MIGUEL: ¿Estás oyendo? (*Acercándose a la trampilla*).

ESTEBAN: Cuando tomé las medidas eso no estaba en el suelo.

MIGUEL: ¡Calla! (*Pega la oreja a la puerta*).

ESTEBAN: ¿Cómo no iba a verlo?

MIGUEL: Escucha...

ESTEBAN: Déjalo, Miguel...

MIGUEL: Es abajo... (*Insiste en guardar silencio*).

ESTEBAN: Miguel, por favor...

(*Un susurro emerge del interior atravesando el suelo, instalándose a intervalos por todo el espacio. Pisadas. Un caminar firme. Miguel puede detectarlo perfectamente. Pretende seguirlo como un animal rastrea su presa. Murmullos. El viento, entrando por las fisuras, alimentando la confusión, enmascara un lejano rumor de voces. Quizás no es más que la lluvia precipitándose contra la fachada. Miguel intenta descubrir de dónde vienen esos sonidos que se repiten siguiendo el mismo patrón. Coge los planos, verificando con un lápiz el trazado de las pisadas, el camino de las voces. Y comprende por qué hay dibujadas unas líneas similares en los planos que encontró desplegados sobre la mesa. Esteban no lo ha conseguido*).

MIGUEL: ¿Lo has oído? Ahí abajo hay alguien, te lo dije.

ESTEBAN: Yo no he escuchado nada.

MIGUEL: ¿Cómo que no? ¿Has hecho esto? (*Le muestra el trazado dibujado en esos planos*).

ESTEBAN: Sí, ¿pero qué tiene que ver?

MIGUEL: Has trazado el mismo recorrido.

ESTEBAN: ¡Yo no he trazado nada!

MIGUEL: Estas líneas coinciden con las mías... empiezan aquí... van hasta allí... (*Camina siguiendo las señales que ha realizado en el plano*). ¿Y estas equis? ¿Qué significan? ¿Por qué has señalado este punto? ¿Y este? ¿Qué significan estos círculos?

ESTEBAN: He pasado muchas horas solo... son alzados que no tienen importancia. ¿Tú nunca has dibujado líneas para matar el tiempo?

MIGUEL: Claro. Pero estas líneas siguen el recorrido de las voces...

ESTEBAN: ¿Qué voces? Es el viento... la lluvia...

MIGUEL: De las pisadas... este círculo, ¿por qué lo señalas una y otra vez?

ESTEBAN: Porque sí... no hay ninguna razón especial... ¿Qué va a significar?

MIGUEL: ¿Sabes quién es?

ESTEBAN: ¿Quién?

MIGUEL: ¿Ha venido contigo?

ESTEBAN: ¿Qué haces?

Escena tercera. La apertura

Miguel coge el tubo de acero. Está enfadado. Esteban se aparta de su camino. Miguel mete de un golpe el tubo por la ranura de la trampilla y la abre con facilidad, ni siquiera le ha dado tiempo a condensar toda su fuerza para hacerlo. Silencio. En el interior no hay luz, ni sonidos... La lluvia parece haber remitido de golpe. El viento se ha calmado.

ESTEBAN: Miguel, por favor, vámonos.

MIGUEL: Acércame la linterna.

ESTEBAN: Miguel... (*Miguel prefiere no esperar. Tampoco escucharle. Va él mismo a por ella*).

MIGUEL: No me estás contando la verdad... (*Ilumina el interior de la trampilla*).

ESTEBAN: No tengo muy claro qué es la verdad y qué no.

MIGUEL: ¿Qué dices?

ESTEBAN: Estoy muerto, Miguel. Desde que llegué aquí. Muerto de miedo. No recuerdo qué ha pasado, ni cómo entré. Y mucho menos cómo llegué. Tú sí recuerdas, ¿verdad?

MIGUEL: Trae la otra linterna. Ahí abajo está muy oscuro.

ESTEBAN: Tú sí recuerdas cómo has llegado, y lo que estabas haciendo... ¿verdad?

MIGUEL: Deja de decir tonterías... enciéndela... alumbra ahí.

ESTEBAN: No son tonterías...

MIGUEL: Trae un destornillador...

ESTEBAN: ¿Para qué?

MIGUEL: Para tirarlo y ver qué profundidad hay. (*Esteban obedece*). Tenías razón, el marco está encajado en el suelo.

(*Esteban va a por el destornillador. Se lo entrega a Miguel y este lo arroja al interior. Hasta que llega al suelo los dos hombres se mantienen en silencio*).

MIGUEL: Dos metros, tres...

ESTEBAN: ¿Me has oído? Esto no estaba aquí, Miguel. Créeme.

MIGUEL: ¿Ah, no?... ¿Y dónde estaba?... Eres tú el que no está en ninguna parte, Esteban.

ESTEBAN: (*Fuerte*). ¡Ya está bien!... (*Desalentado*). ¡Ya está bien!... No necesito que me recuerdes cómo soy cada cinco minutos. Ya sé que te parezco un inútil.

MIGUEL: Antes me has preguntado si recordaba. Recuerdo todo lo que he hecho hoy. Y cómo he llegado hasta aquí. Por si te sirve de algo. Aunque quisiera olvidar que llevo varias semanas donde lo único que hago es trabajar. Trabajar e intentar no pensar. Es la conciencia, ¿sabes? Y, precisamente, hoy no es un buen día. No. Hoy, desde que he puesto los pies en el suelo, todo ha ido desencajándose hasta llegar aquí. Donde el significado de tener un día malo toma una dimensión desconocida. Yo también tengo mis problemas, Esteban... No creo que seas un inútil. Eres cobarde. Podrías haberme evitado todo esto... sin embargo haces lo de siempre...

ESTEBAN: Escucha... no deberíamos alumbrar ahí dentro... ni discutir... ni siquiera deberíamos estar aquí. Yo arreglaré las cosas... intentaré justificar los días que he faltado al trabajo, por supuesto diré que la culpa de los retrasos ha sido mía... no tendrás que dar la cara por mí... ni a él ni a nadie de la empresa. Últimamente me he esforzado mucho para joderte... Marta es la única persona importante en mi vida. Y yo estaba en medio de los dos... pero ella significa mucho. Cuando más os necesitaba...

MIGUEL: No quiero hablar de eso, Esteban.

ESTEBAN: Sé que todo lo que has hecho por mí te lo ha pedido ella.

MIGUEL: ¿Qué te pasa?... (*Esteban parece muy fatigado*).

ESTEBAN: Sácame de aquí, Miguel... por favor.

Escena cuarta. Dudas

Miguel, a punto de abandonar, alumbra casualmente el interior de la trampilla llevándose un gran susto. Esteban retrocede, alarmado.

ESTEBAN: ¿Qué pasa?... ¿Qué pasa?

MIGUEL: Joder... ¡había un hombre¡, ¡ahí abajo!, ¡mirándonos!

ESTEBAN: ¿Un hombre? ¿Qué clase de hombre?

MIGUEL: (*No quiere escuchar sus preguntas*). Si pudiéramos llamar a la policía...

ESTEBAN: No podemos llamar a la policía.

MIGUEL: Ya lo sé... ya lo sé... Hijo de puta, ¿de dónde habrá salido?

ESTEBAN: Cierra la trampilla.

MIGUEL: Ni se te ocurra...

ESTEBAN: (*Fuerte*). ¡Ciérrala!

MIGUEL: No toques esa puerta. (*Pausa*). ¿No lo has visto?

ESTEBAN: Yo no he visto a nadie. No había suficiente luz... ¿y si era una sombra?

MIGUEL: No, no era una sombra. El cabrón nos estaba escuchando... me estaba mirando.

ESTEBAN: ¿Y si es un loco?

MIGUEL: ¿Un loco? (*Está nervioso. Esta idea le produce gracia*). Puede ser, quién sabe...

ESTEBAN: ¿Y te quedas tan tranquilo?

MIGUEL: El muy cabrón... me ha acojonado...

ESTEBAN: ¿Qué haces alumbrando otra vez?... ¡Apaga la linterna! ¡Apágala!... ¡Apártate de ahí!...

MIGUEL: ¿Quieres callarte?... A lo mejor es un ilegal escondiéndose... (*Recuperándose*). Madre mía...

ESTEBAN: ¿Cómo iba vestido?

MIGUEL: No lo sé. Probablemente no esté solo.

ESTEBAN: ¿Por qué lo dices?

MIGUEL: Si es un ilegal, habrá otros con él... (*Esteban desiste, derrotado*). Deberíamos hacer algo, pero no se me ocurre qué... la verdad, no parecía... No he podido verlo muy bien, pero la expresión de su cara...

ESTEBAN: Quizás es un delincuente... un ladrón...

MIGUEL: Es posible.

ESTEBAN: Seguro que no es de fiar. Eso seguro. De todos modos se ha ido... si necesitara ayuda o quisiera salir lo hubiera dicho, ¿no?

MIGUEL: (*Parece no escucharle*). A saber dónde lleva esto...

ESTEBAN: Por eso, como no lo sabemos es mejor...

MIGUEL: (*Cortándole la frase*). Según el recorrido de las voces que has hecho en tus planos, hasta allí... (*Señalando. Miradas. Silencio*).

ESTEBAN: No vuelvas con ese rollo. (*Miguel lo mira fijamente*). Sí. Vale. Escuché esas supuestas voces. Dos o tres veces. Al principio pensé que eran ratas, yo que sé... Tracé esas líneas siguiendo los ruidos. Al principio me parecieron solo pasos... luego creí escuchar voces, como cuando alguien te habla en voz baja al oído. Venían de abajo.

MIGUEL: ¿Llegaste a abrir la trampilla?

ESTEBAN: Ya te he dicho que no. Esa puerta ha estado cerrada todo el tiempo. Te aseguro que he dormido muy poco para saberlo. Nadie contestaba. Cuando más seguro estaba de escuchar algo, desaparecían todos los ruidos.

MIGUEL: Deben de ser más de uno.

ESTEBAN: Estoy seguro que es el viento.

MIGUEL: ¿Cómo te explicas las voces...?

ESTEBAN: Ratas... ese sótano debe estar lleno de ratas... (*Alumbra el recorrido que trazó en sus planos finalizando al frente. Como si quisiera descubrir a algún roedor con la luz*).

MIGUEL: No sabía que las ratas hablaran. (*Silencio*). Te lo voy a preguntar solo una vez. ¿Tienes algo que ver?

ESTEBAN: No. (*Su negativa suena distinta a todas las demás*).

MIGUEL: Como estés mintiendo, te voy a partir la cara... (*Miguel se asoma a la trampilla iluminándola con la linterna*).

ESTEBAN: Era una sombra, Miguel...

MIGUEL: ¿Hay alguien ahí?... ¿Puedes oírme?...

ESTEBAN: Piénsalo un momento... ¿quién va a haber? Ha sido tu imaginación...

ESTEBAN: ¿Qué haces?...

MIGUEL: Si son ilegales habrá que ayudarles... ¿no?

ESTEBAN: ¿Y qué pasa si es un loco o un delincuente? Incluso puede estar escondiéndose de la policía... Se nota que no ves la televisión. Imagínate lo más retorcido que eso estará haciendo ahí abajo. Y si es un ilegal, o dos, o una familia entera, ¿qué podemos hacer nosotros? Tendríamos que llamar a la policía y por el momento es algo que no vamos a hacer. Piensa un poco, Miguel, si fueras uno de ellos, ¿te gustaría que llamaran a la policía? Se supone que lo que menos necesitan es una manta sobre los hombros y un billete de vuelta.

MIGUEL: Tendrías que haber visto su cara... (*Miguel roza a Esteban. Se calla. Le toca la frente, las manos. Se detiene a mirarlo por primera vez*).

ESTEBAN: Si resulta que no es un ilegal escondiéndose... ¿cómo nos vamos a fiar de él?

MIGUEL: Estás helado.

ESTEBAN: Tengo mucho frío. Tú tampoco tienes buen aspecto. (*Sonríe*). Y no te estoy mintiendo.

MIGUEL: Me debes una...

ESTEBAN: Una muy grande...

MIGUEL: Eso es... ni te lo imaginas...

(Los dos toman una actitud de marcharse. Esteban, más relajado, se pone la chaqueta de Miguel y recoge el bolso, los planos... Miguel se recompone un poco, alumbra por última vez el interior. Se agacha. Curioso. Vuelve a iluminar. Cuando se dispone a levantarse, un brazo sale de la trampilla agarrándose con fuerza al suyo. La linterna se precipita al interior).

(Los momentos que siguen a la aparición de esta mano que se agarra con firmeza al antebrazo de Miguel son confusos. Esteban, en la distancia, no quiere acudir a la llamada violenta de Miguel, quien con dureza le solicita ayuda para sacar al hombre de la trampilla. Por un momento, parece que es Miguel quien puede caer dentro.

Finalmente, sin la ayuda de Esteban, Miguel consigue subir al hombre. Y es en el momento de la subida cuando la luz también sube de intensidad y un fuerte olor, aunque no desagradable, se mezcla en el ambiente.

La luz titubea, regresando a su estado habitual.

Esteban contempla temeroso al hombre. Miguel desconfiado. El hombre, en cambio, no refleja en su rostro temeridad ni desconfianza. Su rostro es limpio, sereno, en equilibrio con su actitud reforzada por la ropa impecable, del mismo color que el entorno. La esbeltez de su cuerpo y unas facciones andróginas provocan que su presencia parezca amenazante.

El hombre solo mira a Miguel, prescindiendo en todo momento de Esteban).

Escena quinta. El hombre

MIGUEL: ¿Qué estaba haciendo?... (*El hombre no responde*). ¿Hay más gente con usted? (*El hombre no responde*). Este edificio es privado. No puede estar aquí. ¿Me entiende? ¿Puede escuchar? ¿Puede entender lo que le digo? ¿Hay... más... personas... con usted... ahí abajo? ¿Habla mi idioma? ¿Inglés? ¿Francés? (*El hombre no responde. Miguel habla en inglés*). *Are there other people with you? Can you understand me? Are you okay?* (El Hombre no responde. Miguel habla en francés). *Français? Tu ne comprends rien à ce que je dis?...* (*A Esteban. Cansado*). No me entiende, no sé... inténtalo tú.

ESTEBAN: Yo... (*Miguel mira a Esteban rendido. Se aparta del hombre y es Esteban el que se acerca a él. La actitud del hombre es la misma. Sigue los movimientos de Miguel e ignora completamente el acercamiento de Esteban. Miguel no es consciente aún del interés que, al parecer, suscita en este hombre. Busca entre sus cosas el teléfono móvil*). No sé qué puedo decirle... ¿Qué haces?

MIGUEL: Intenta comunicarte con él... aunque sea por gestos... y cierra la trampilla.

ESTEBAN: ¿Cómo?

MIGUEL: Que cierres la trampilla...

ESTEBAN: No hay cobertura...

MIGUEL: Cierra la trampilla, Esteban. (*El tono de voz le obliga a hacerlo*).

ESTEBAN: No hay cobertura... (*Cierra la trampilla. El hombre ni siquiera se vuelve para ver cómo o por qué la cierra*).

MIGUEL: (*Mostrando el teléfono*). ¿Ves esto? Voy a llamar a la policía. Policía. ¿Entiendes?...

ESTEBAN: Pero si no hay...

MIGUEL: ¡Ya lo sé!... ya sé que no puedo usarlo. Pero algo tendré que decirle, ¿no?

ESTEBAN: Pero si ya sabe que no podemos utilizar el teléfono...

MIGUEL: ¿Por qué lo va saber?

ESTEBAN: Porque te lo acabo de decir...

MIGUEL: Esteban, no habla nuestro idioma. No se entera de nada.

ESTEBAN: ¿Y si está fingiendo?

MIGUEL: ¿Por qué va a fingir... parecer un idiota? (*Cerca del hombre. Cara a cara*).

ESTEBAN: De todos modos tendríamos que tener cuidado con lo que hablemos. No me fío de este tío.

MIGUEL: (*Al hombre*). Voy a pedir ayuda... (*El hombre lo mira fijamente*). Mi amigo y yo podemos ayudarte... (*Recalcando la palabra*). Ayudar... (*Coge las manos de Esteban en señal de confianza, de ayuda*). Ayudar... ¿entiendes? (*Coge las manos del hombre, inesperadamente*).

ESTEBAN: (*Asustado*). ¿Qué haces?

MIGUEL: ¿Quieres que te ayudemos?...

ESTEBAN: No lo toques... (*Miguel examina a Esteban*). Es mejor que no te acerques tanto...

MIGUEL: Voy a salir fuera... vigílale.

ESTEBAN: ¿Para qué vas a salir?

MIGUEL: Para intentar hacer una llamada.

ESTEBAN: Yo no pienso quedarme solo con este tío.

MIGUEL: ¡Venga ya, Esteban!

ESTEBAN: Te estoy hablando en serio. ¿A quién vas a llamar?

MIGUEL: Será solo un momento...

ESTEBAN: Ni hablar... además...

MIGUEL: ¿Además qué?

ESTEBAN: Desde que ha salido solo te mira a ti... ¿te has dado cuenta?

MIGUEL: Será que le gusto... (*Otra vez cara a cara con el hombre*). O porque no le gustas tú... (*Acercándose al hombre*). Joder... sí que no se entera de nada...

ESTEBAN: Me da igual... pero no me voy a quedar solo con él.

MIGUEL: Está bien... ya sé lo que vamos a hacer... es cierto que este cabrón no deja de mirarme... márchate... (*Le entrega el teléfono*). Llévate el teléfono... llama a la policía...

ESTEBAN: ¡Cómo la voy a llamar yo! ¿Te has vuelto loco?

MIGUEL: Solo tienes que dar esta dirección...

ESTEBAN: ¿Y cómo me voy?

MIGUEL: Camina hasta que consigas cobertura... Haz la llamada y luego pide un taxi...

ESTEBAN: ¿Y a dónde voy?

MIGUEL: Llévate también las llaves de mi casa... escóndete allí... (*Cambia de idea*). Mejor, llama a Juanjo. Dile que venga a recogerme, pero no se te ocurra contarle nada...

ESTEBAN: No debemos meter en esto a nadie más.

MIGUEL: ¿Se te ocurre algo mejor? (Al hombre). ¡Deja de mirarme, tío!

ESTEBAN: Juanjo comenzará a hacer preguntas... querrá saber dónde me he metido estos días... y si viene a recogerte, cuando vea a este... ¿qué le vas a decir?...

MIGUEL: Esteban, solo intento salir de aquí. Si no te quieres quedar con él... si no quieres fiarte de Juanjo... si no podemos hablar con la policía... ¿qué otra opción me dejas?

ESTEBAN: ¡Vámonos! Los dos... olvídate de ese... fíjate bien... ¿puedes fiarte de un hombre así?... Vayamos a tu casa. Allí pensaremos en todo con más calma. Es lo mejor, Miguel. No creo que sea buena idea llamar a Juanjo. Deja de mirarle. No le sigas el juego...

MIGUEL: A lo mejor sí que nos entiende...

ESTEBAN: Tal vez... por eso...

MIGUEL: Hay algo que no me encaja...

ESTEBAN: ¿Qué?

MIGUEL: Fíjate en su ropa... en su cara... ¿qué estaría haciendo ahí dentro?

ESTEBAN: No tengo ningún interés por saberlo...

MIGUEL: ¿Por qué tengo la sensación de que entiende cada palabra que hablamos?

ESTEBAN: No te acerques a él...

MIGUEL: ¿No te lo parece? ¿No te parece como si estuviera disfrutando?

ESTEBAN: No, no me lo parece. Y no te acerques tanto...

MIGUEL: ¿Por qué, Esteban?

ESTEBAN: Ya te lo he dicho... porque no es de fiar...

MIGUEL: ¿Por qué tienes tanto miedo? ¿Por qué no recuerdas cómo has llegado hasta aquí? ¿Por qué no sabes dónde está tu coche? ¿Por qué este cabrón solo me mira a mí?

ESTEBAN: Miguel, apártate.

MIGUEL: ¿Por qué?

ESTEBAN: ¡Porque puede hacerte algo! (*Recapacita*). ¡No lo sé! ¡Porque no sabemos quién es!

MIGUEL: ¿Qué puede hacerme, Esteban? (*Al hombre*).¿Puedes hacerme algo? ¿Puedes entender lo que dice mi amigo? ¿Qué puedes hacerme?

ESTEBAN: Ya basta...

MIGUEL: No parece que quiera hacerme nada...

ESTEBAN: ¡Déjale!...

MIGUEL: ¿Por qué no se larga y punto? ¿Por qué sigue aquí?

ESTEBAN: ¡Vamos!... sal fuera, haz lo que quieras... yo me quedaré con él... necesitas que te dé un poco de aire.

MIGUEL: Vaya, ahora don problemas no tiene miedo.

ESTEBAN: ¿¡De qué coño vas, Miguel!?

MIGUEL: ¿Y tú? ¿Quieres que me trague que no conocías a este tío? ¿Quieres que me trague que no tiene nada que ver contigo?

ESTEBAN: Piensa lo que quieras...

MIGUEL: Te conozco, solo hay que mirarte... ¿Vas a contarme de qué va todo esto?...

ESTEBAN: No me hables así...

MIGUEL: Te hablo como me da la gana.

ESTEBAN: Te estás equivocando...

MIGUEL: No.

ESTEBAN: Yo no conozco a este hombre de nada... ¿entiendes?

MIGUEL: ¡Mentira!

ESTEBAN: ¡De nada!... Te he contado la verdad...

MIGUEL: ¿Toda?

ESTEBAN: Sí, sí... no hay más...

MIGUEL: ¡Mientes!

ESTEBAN: Tuve el accidente, no sé cómo llegue hasta aquí... luego...

MIGUEL: Luego...

ESTEBAN: Luego nada...

MIGUEL: ¿¡Luego...!?

ESTEBAN: ¡Luego nada...!

MIGUEL: Tuviste el accidente y luego...

Escena sexta. La fotografía

Esteban coge la cámara de foto.

MIGUEL: ¡Vamos, habla! ¿Qué haces? ¿Dónde vas con la cámara? ¿Qué vas a hacer?

ESTEBAN: ¡Déjame! Voy a demostrarte algo...

MIGUEL: ¿Qué me vas a demostrar? ¡No me cambies de tema! Ibas a contarme...

(*Esteban toma una instantánea del hombre utilizando el flash. Desesperado comprueba en el visor si ha salido la fotografía. Después de la luz provocada por la cámara, de la que el hombre protege sus retinas, será la primera vez que este mire a Esteban fijamente. Prescindiendo de Miguel*).

MIGUEL: (*Intenta quitarle la cámara*). ¿Qué crees que estás haciendo? ¿A qué ha venido esto? (*Esteban mira la fotografía en el visor. Mira al hombre, quien sigue observando a Esteban. Miguel consigue arrebatarle la cámara y de mal humor la deja sobre la mesa*). ¿Para qué le has tirado una foto?... ¿estás idiota o qué?

(*La cámara es iluminada directamente por la pequeña lámpara*).

ESTEBAN: Puede. (*El hombre sigue mirando a Esteban, inexpresivo*).

(*La actitud de Esteban agota la paciencia de Miguel quien acaba abalanzándose contra él y a empujones, casi a rastras, a pesar de sus negativas e intentos físicos, lo lleva hasta la trampilla*).

MIGUEL: (*Abre la trampilla*). Ahora vas a bajar ahí...

ESTEBAN: ¡No!...

MIGUEL: Vas a entrar y vas a contarme qué coño pasa ahí abajo.

ESTEBAN: ¡No, Miguel! ¡No!

MIGUEL: Me vas a decir qué es lo que hay, vas a dibujar el recorrido en esos planos y cuando acabes me vas a contar qué tienes que ver con este...

ESTEBAN: ¡Te juro que nada!... ¡Tienes que creerme, por Dios!

MIGUEL: ¡Dame una buena razón para hacerlo!

ESTEBAN: (*Presiona el suelo con las manos*). ¡Por Dios, Miguel, no quiero bajar ahí!

MIGUEL: Acaba la frase...

ESTEBAN: Miguel, confía en mí... es mejor que... ¡Déjame!

MIGUEL: (*Gritando*). ¡Acaba la frase!...

ESTEBAN: No puedo... Miguel... no puedo...

MIGUEL: (*Al hombre*). ¿Y tú? ¿Te lo pasas bien?

ESTEBAN: ¡No, Miguel! Déjale, déjale... por favor...

MIGUEL: (*Cara a cara. Con rabia*). ¡Contesta!... ¿te lo pasas bien?...

ESTEBAN: Miguel, no... déjale... no le grites... ¿qué haces? (*Le sigue a duras penas*). No puedes bajar. Tú no puedes bajar... Miguel, por lo que más quieras... no puedes bajar...

MIGUEL: Acaba la frase... (*Recita el fragmento*). «No sé cómo llegué hasta aquí... luego...». ¿Luego qué?

ESTEBAN: Luego nada, Miguel. Luego me volví loco aquí dentro pensando en lo que había pasado. Pensando. Es lo único que he hecho. Pero escúchame, no puedes bajar... no quiero quedarme solo, por favor... escucha... debes confiar en mí... no bajes, por favor...

MIGUEL: Cuando suba iremos a la policía. Juntos. Intentaré darle un sentido a todo esto. Y después no quiero verte más... no quiero que te vuelvas a cruzar más en mi vida. Y no lo hago por ti.

ESTEBAN: Lo sé.

MIGUEL: Al menos tienes algo claro. (*Miguel baja*).

Escena séptima. La conversación

Esteban se queda a solas con la inquietante presencia del hombre. Tarda unos instantes en darse la vuelta para encontrarse con su mirada limpia, tan extraña. Los dos sostienen la mutua contemplación siendo Esteban quien no puede mantenerla.

Preocupado por Miguel, coge una linterna. Ilumina el hueco en el suelo.

EL HOMBRE: ¿Por qué no se lo has dicho?

ESTEBAN: No quiero hablar contigo ahora.

EL HOMBRE: Solo necesitaba un poco de confianza.

ESTEBAN: ¿No me has oído? No quiero hablar contigo.

EL HOMBRE: No puedes ofrecer algo que no tienes, claro. (*Esteban tapa sus oídos*). Con un poco de confianza hubiera sido suficiente.

ESTEBAN: ¿Para qué?

EL HOMBRE: Para entender.

ESTEBAN: ¿Qué necesita entender?

EL HOMBRE: Se preocupa por ti. Demasiado.

ESTEBAN: ¿Qué querías que le contase? ¿Qué pretendes? ¿Que me tome por un loco?

EL HOMBRE: Sin embargo has dejado que baje.

ESTEBAN: No tenía otra opción.

EL HOMBRE: No te creo.

ESTEBAN: ¿Por qué has tenido que salir?

EL HOMBRE: Porque no me lo estás poniendo fácil.

ESTEBAN: ¿Has pensado en el trato?

EL HOMBRE: No cabe ningún trato, Esteban.

ESTEBAN: Entonces, ¿para qué querías que le contara nada?

EL HOMBRE: Es él quien necesita las respuestas. Es demasiado evidente que ocurre algo más que un accidente... ¿no?

ESTEBAN: ¿Y qué pasará ahora? Contesta... ¡contéstame! Si ha bajado... si ha podido ver... si es verdad lo que me has dicho...

EL HOMBRE: ... ahora seremos tres, en lugar de dos.

ESTEBAN: ¿Qué quieres decir?

EL HOMBRE: Tendrás que darle más explicaciones de las necesarias.

ESTEBAN: ¿Y si le pasa algo ahí abajo? (*Silencio*). ¿Puede pasarle algo? (*Silencio*). ¡Contesta! No te quedes mirándome...

EL HOMBRE: Todo puede complicarse más. Pero eso solo depende de él. Y de ti.

ESTEBAN: Voy a bajar... iré a por él...

EL HOMBRE: Eso es exactamente lo que no tienes que hacer.

ESTEBAN: Está tardando demasiado...

EL HOMBRE: En realidad, necesitabas que alguien bajara...

ESTEBAN: ¿Por qué tarda?...

EL HOMBRE: ... para asegurarte de que todo lo que te he contado, es verdad...

ESTEBAN: (*Llamándole*). ¡Miguel!...

EL HOMBRE: ...y no te ha importado...

ESTEBAN: (*Amenazante*). ¡Si le ocurre algo...!

EL HOMBRE: ...hasta qué punto puede afectarle lo que vea.

ESTEBAN: (*Arrepentido, desesperado*).¡No he podido impedirlo!

EL HOMBRE: Confianza.

ESTEBAN: Escucha, haré lo que me has pedido. Pero antes le contaré todo. Lo del accidente, lo de la chica... pero me ayudarás a convencerle... tiene que marcharse de aquí... tienes que prometerme que no le ocurrirá nada... Dame tu palabra... dame tu palabra... ¡vamos!

EL HOMBRE: Miguel es un hombre difícil... cuando suba traerá más preguntas...

ESTEBAN: ¿Y qué puedo contestarle yo? No me creerá... nadie en su juicio me creería. ¿Y tú? ¿Por qué no hablas? ¿Por qué no haces algo? ¿Para qué has venido, entonces? ¿Sabes una cosa? En cuanto suba Miguel nos vamos a ir de aquí, él con su maldito recorrido en los planos y yo... yo...

EL HOMBRE: ¿Todavía sigues pensando que puedes irte sin más?

ESTEBAN: ...yo demostrándote que estás loco... que eres un jodido chiflado buscando problemas...

El HOMBRE: Eres un hombre complicado.

ESTEBAN: Y si no dejas que nos vayamos, cogeré el coche y te pisaré la cabeza.

EL HOMBRE: Te olvidas de un detalle... tengo las llaves... (*Se las enseña*).

ESTEBAN: Hijo de...

EL HOMBRE: Si me las quitas... ¿cómo piensas ganarte la confianza de Miguel? ¿Cómo piensas convencerle de que no las has tenido tú todo este tiempo?

ESTEBAN: Le diré la verdad.

EL HOMBRE: ¿Le dirás que tú y yo nos conocíamos?

ESTEBAN: Eso no es cierto.

EL HOMBRE: ¿Y te va a creer solo porque le des las llaves de su coche?

ESTEBAN: Se lo contaré todo... (*Va hasta el hueco oscuro en el suelo. Llamándole*). ¡Miguel!

EL HOMBRE: ¿No crees que va a desconfiar más de ti?

ESTEBAN: ¡Miguel!

EL HOMBRE: Hagas lo que hagas... has complicado la vida de otra persona sin necesidad.

ESTEBAN: Seré yo el que vaya a la policía.

EL HOMBRE: ¿Y qué le vas a contar?... ¿Les hablarás de mí? ¿De lo que hay ahí dentro? ¿Les hablarás de la chica...?

ESTEBAN: ¡Cállate!

EL HOMBRE: ¿Por dónde empezará tu relato, Esteban?

ESTEBAN: ¡Cállate!

EL HOMBRE: Qué interesante. Si no me crees, si no me has creído desde el principio, ¿por qué no has bajado tú mismo a comprobarlo? ¿Por qué arriesgas la vida de la única persona que muestra un poco de interés por ti...?

ESTEBAN: (*Asustado*). ¿Por qué no sube?

EL HOMBRE: Dime qué necesitas para admitir las cosas...

ESTEBAN: (*Fuerte*). ¿Por qué no sube?

EL HOMBRE: La trampilla no está hecha para Miguel...

ESTEBAN: ¡Miguel!...

EL HOMBRE: Si lo implicas... le vas a destrozar la vida...

ESTEBAN: ¡Por eso no le he dicho nada, hijo de puta!

EL HOMBRE: Ya es tarde.

(*Miguel ha oído las últimas frases*).

Escena octava. Pasillos

MIGUEL: (*Sale de la trampilla*). Lo sabía.

ESTEBAN: ¿Qué has visto? ¿Qué hay abajo?

MIGUEL: Baja tú, si tienes tanto interés. O mejor, que te lo cuente tu amigo. Ya puede hablar, ¿no?

ESTEBAN: El no es mi amigo, ni siquiera lo conozco. Te lo juro.

MIGUEL: (*Lo coge de la camisa*). ¿Pero tú hasta cuándo me vas a estar tocando los huevos?

ESTEBAN: No lo conozco, no sé quién es.

MIGUEL: ¿Y de qué hablabais?

ESTEBAN: Ese hombre está loco...

MIGUEL: ¿Por qué me sigues mintiendo?

ESTEBAN: Para protegerte...

MIGUEL: ¿Protegerme de qué?...

ESTEBAN: No estoy seguro...

MIGUEL: ¿No estás seguro? ¿De qué quieres protegerme?

ESTEBAN: De él... para protegerte de él.

MIGUEL: ¿Quién es?

ESTEBAN: No lo sé...

MIGUEL: ¿Qué tiene que ver contigo?

ESTEBAN: Nada, nada...

MIGUEL: Me largo... (*Lo suelta con desprecio*).

ESTEBAN: ¿Qué has visto?

MIGUEL: Esteban, te voy a dejar aquí...

ESTEBAN: ¿Has visto algo ahí debajo?

MIGUEL: ... no quiero saber nada de ti...

ESTEBAN: No puedes dejarme con él...

MIGUEL: ¿Quién de los dos tiene las llaves de mi coche?

ESTEBAN: (*Desesperado*). ¡Dime qué has visto!

MIGUEL: ¿Quién de los dos tiene las llaves de mi coche?

ESTEBAN: ¡Dime si has visto algo, por favor...! (*Intentando serenarse*). Dime que has visto algo.

MIGUEL: ¡No!

ESTEBAN: ¿No has visto nada?

MIGUEL: No hay nada. Solo pasillos...

ESTEBAN: ¿Pasillos? ¿No hay nada?

MIGUEL: ¿Qué pensabas que había?

ESTEBAN: (*Al hombre*).¿Lo has oído? Solo pasillos, no hay nada. Nada. Eres un jodido loco... él tiene tus llaves. Me lo ha dicho. Las tiene. Cógelas y vámonos.

MIGUEL: ¿Quién es este hombre, Esteban?

ESTEBAN: (*Insiste. Nervioso. De forma casi infantil*). Tiene tus llaves... pídeselas.

EL HOMBRE: ¿Por qué no le dices quién soy?

ESTEBAN: Porque no eres nadie. Porque ahí abajo no hay nada de lo que me has dicho. Él ha bajado y ha podido comprobarlo. Nada. No hay nada. Saca las llaves... ¡saca las llaves!

MIGUEL: (*Va hasta Esteban. Preocupado. Frente a frente. Le agarra la cabeza*). Cálmate... cuéntame... qué ha pasado... ¿quién es? ¿Tiene algo que ver con el accidente?

EL HOMBRE: Buena pregunta...

ESTEBAN: ¡Cállate!

MIGUEL: (*Intentando que Esteban no mueva la cabeza. Intentando centrar su mirada en la de él*). Cálmate... eso es... mírame... no le mires... eso es. (*Lo lleva a un extremo*). Eso es... (*Al hombre*). ¿Estaba con él cuando ocurrió el accidente? (El hombre asiente con la cabeza).

ESTEBAN: ¡Miente!... ¡Él no estaba allí!...

MIGUEL: ¿Qué tiene que ver contigo, Esteban? (*Mediando entre los dos*).

ESTEBAN: Él me despertó... me había quedado dormido y él apareció y me despertó. Y me dijo que iba ayudarme. Que lo había visto todo. Pero eso es imposible porque no estaba allí... Pero parece que conocía a la chica...

MIGUEL: ¿Qué chica?

ESTEBAN: La chica que recogí en la carretera...

MIGUEL: ¿La del accidente? (*Esteban asiente manteniendo la distancia*). ¿De qué va esto?

EL HOMBRE: Le está contando la verdad...

MIGUEL: Un momento, usted no abra la boca... quédese como hasta ahora... ¿es verdad?, ¿tiene mis llaves?

(*El hombre extiende la mano y se las entrega*).

ESTEBAN: ¿Qué haces? ¿Te vas? Nos vamos, ¿no? ¿Por qué no me miras? Te estoy hablando. Me voy contigo... (*Le quita la chaqueta de las manos*). No puedes dejarme aquí, Miguel. No te imaginas las cosas que me ha contado ese tío. Está loco, Miguel. Por eso no quise decirte nada... Porque las cosas que me ha contado no tienen ningún sentido. Miguel... este hombre me da miedo.

MIGUEL: Es una pena...

ESTEBAN: ¿Quieres saber...?

MIGUEL: No, ya no quiero saber nada.

ESTEBAN: ¡Habla! ¡Cuéntale lo que me has dicho! ¡Háblale de la trampilla! ¡Vamos! ¡Cuéntale lo que dices que hay dentro!

MIGUEL: Esteban... no hay nada. (*Sale*).

(*Esteban, destrozado, apenas se tiene en pie. Silencio. Esteban se sube el suéter y descubre su camisa manchada de sangre. Mira al hombre. El hombre se acerca a él lentamente*).

ESTEBAN: No te acerques, por favor, no te acerques.

EL HOMBRE: Eres una buena persona... no debes tener miedo.

ESTEBAN: No es cierto, no lo soy... (*Recapacitando. Ocultando la sangre de su camisa*) ¡Te he dicho que no te acerques a mí! (*Coge la barra de acero como defensa*).

EL HOMBRE: No vas a golpearme, Esteban.

ESTEBAN: Sí voy a hacerlo. ¡No te acerques! Voy a salir de aquí... me voy a marchar... caminaré hasta encontrar a alguien que me quiera llevar a la ciudad. O caminaré hasta la ciudad... solo... me entregaré... contaré lo que ha pasado... contaré qué ocurrió con esa chica... y todo se habrá acabado... (*Gritando*). No me mires así... ¡no me mires así!... tú no sabes nada de mí... no sabes de lo que soy capaz... ¡que no me mires así!... (*Se le cae la barra del suelo por la tensión que acumula*)... ¡que no me mires así...! ¿Quién eres?...

EL HOMBRE: Estás solo...

ESTEBAN: No me importa... (*Coge la barra*) ¡Cállate!

EL HOMBRE: Otra vez...

ESTEBAN: No te tengo miedo...

EL HOMBRE: No compliques más las cosas... ahora es el momento.

ESTEBAN: No. Tú no vas a decidir sobre mí. ¿Qué quieres? ¿Dinero? ¿Quieres dinero? ¿Cuánto quieres? Puedo darte todo el que quieras... (*La fuerza física también lo abandona*).

EL HOMBRE: ¿De verdad no quieres verlo?

(*Entra Miguel, decidido*).

MIGUEL: ¿Por qué quieres que me marche?

(*Esteban se relaja inmediatamente. El hombre se vuelve para contemplar a un Miguel decidido, provocado, que le propina un puñetazo fuerte. El hombre cae al suelo, atolondrado. Miguel le quita el tubo de acero a Esteban de las manos, contemplando con dolor su cara desencajada, sus ojos llorosos, sus manos temblorosas*).

MIGUEL: Vamos...

ESTEBAN: No puedo caminar...

MIGUEL: ¿Qué dices?...

ESTEBAN: (*Cae al suelo*) No puedo caminar... (El hombre se levanta del suelo).

MIGUEL: Apóyate en mí... vamos... despacio... (El hombre los contempla).

ESTEBAN: ¿Y si él tiene razón...? (*A Esteban cada vez le resulta más complicado caminar*).

MIGUEL: No hables... cálmate... tengo el coche en marcha... son unos metros... y nos vamos. Eso es lo que querías desde el principio, ¿no?

ESTEBAN: Sí...

MIGUEL: ¡Vamos!...

ESTEBAN: ...si él tiene razón...

MIGUEL: ¿Qué te pasa?... tranquilo... respira... eso es...

ESTEBAN: Al final, estoy resultando más complicado que mi hermana, ¿eh? (*Sonríe y respira con dificultad*).

MIGUEL: No hables... joder... respira... ¿qué has hecho?... ¿qué te has metido?... Esteban... ¡mírame!... eso es... voy... ¿Dónde está? ¿Dónde está ese cabrón? ¿Qué te ha hecho?

ESTEBAN: A lo mejor tenía razón...

MIGUEL: Voy a cogerte... agárrate al cuello... Esteban, qué es... (*Descubre la camisa*). Esteban... ¿De quién es esta sangre? (*Palpa su estómago y la cintura en busca de alguna herida*).

ESTEBAN: Es mía... creo. (*Sonríe*).

MIGUEL: Esteban, mírame... no cierres los ojos...

ESTEBAN: Tengo que bajar.

MIGUEL: ¿Qué?

ESTEBAN: Busca mi herida, Miguel... por favor.

MIGUEL: No tienes ninguna herida... (*Busca otra vez*)... esta sangre no es tuya... ¡Mírame!, ¡no cierres los ojos!, ¡no los cierres! Eso es... eso es... mírame... muy bien. Mañana es mi cumpleaños, se supone que me están haciendo una fiesta sorpresa... vamos, eso es, despacio... despacio... y para qué sirve una fiesta sorpresa si no estás tú para fastidiarla... como todos los años... ¿Te acuerdas del año pasado?...

ESTEBAN: Miguel... (*Se detiene*).

MIGUEL: ¿Qué?... ¿paramos un poco?... de acuerdo... tranquilo.

ESTEBAN: ¿La sangre no es mía?

MIGUEL: (*Niega con la cabeza. Nervioso*).

ESTEBAN: Entonces ayúdame a bajar... porque él tenía razón. Pero no bajes conmigo... tú solo ayúdame... es lo que haces siempre, ¿no?

(*Telón*).

(*Fin del segundo acto*).

ACTO III

La casa de Miguel es un espacio diáfano, masculino y cuidado, no concebido originariamente para convertirse en hogar. Lo más interesante, los elementos que la forman. Desvelan más acerca del propio Miguel que él mismo. Destacan con especial relevancia una importante mesa, erigiéndose como la base principal de una zona de trabajo perfectamente integrada. Encima de esta mesa, un sofisticado flexo ilumina la cámara de Miguel. De alguna extraña manera, con su luz, la convierte en un inquietante personaje más. Un sofá blanco, confortable. Sobre él duerme Miguel, profundamente. Detrás del sueño, un vestidor infinito. Minuciosamente ordenado, con estantes abiertos y otros cerrados por largas puertas acristaladas al ácido. Una de estas puertas, ahora abierta, disimula el acceso al baño.

La oscuridad se traga el resto del dormitorio, incluso el resto de la casa. Se revela como otro personaje. Denso, molesto, demasiado importante.

Probablemente las ventanas estén cerradas.

Hay un objeto más, un puente hacia el exterior, un teléfono fijo de última generación.

Escena primera. Miguel

Miguel está dormido. No está solo. La oscuridad es un fiel cómplice de la compañía.

Su chaqueta y el bolso están sobre el suelo, cerca del sofá. Sus zapatos y sus calcetines también. Duerme arropado por una confortable manta, aunque podemos reconocer su ropa, sus brazos desnudos.

Despierta. Desencajado. Sin apenas aire para respirar. Alejándose tal vez de una pesadilla. Los ojos abiertos. La respiración profunda. La incorporación inmediata.

Ha creído que alrededor de su cuello había algo arrebatándole la vida.

Los pies sobre el suelo. Poco a poco recupera la respiración. Está en casa. ¿Por qué está descalzo? ¿Recuerda cuándo se quitó los zapatos?

Una tormenta irrumpe en el silencio de sus pensamientos y parece devolverlo a la realidad. La luz del flexo. ¿Por qué está encendida? ¿Cuándo dejó la cámara de fotos allí?

Miguel decide apagar la luz del flexo. El interruptor no funciona. La luz insiste sobre la cámara. Sin pensarlo intenta aflojar la bombilla, pero la temperatura le obliga a quitar las yemas de los dedos rápidamente. Repara en un diminuto punto de luz intermitente en el otro extremo de la habitación. El teléfono le recuerda que tiene almacenado mensajes. Con los dedos resentidos por el calor de la bombilla, acciona la reproducción de todas las llamadas almacenadas. Vuelve al flexo con la intención de desenchufarlo.

Escena segunda. Llamadas

Primera llamada grabada en el contestador del teléfono.

VOZ DE MARTA: *(Situación embarazosa)*. Hola, Miguel... espero no molestarte... es que... estoy muy preocupada por Esteban. No sabemos nada de él desde hace varios días. (*Pausa*). Una semana. (*Pausa*). Quizás tú sepas dónde ha ido... Perdona, no debería haber llamado... (*Silencio*). Mañana es tu cumpleaños... (*No sabe si debe felicitarlo*). Imagino que no faltará. Así que... dile que llame a casa... (*Silencio*). Gracias.

(Segunda llamada grabada en el contestador del teléfono).

VOZ DE JUANJO: Soy Juanjo... ¿dónde estás? Llevo un rato esperándote...

(*Miguel desenchufa el cable de la corriente, pero la luz se muestra más blanca que nunca. Enciende la luz de la zona de trabajo. El hombre está sentado al fondo. Le observa*).

(Tercera llamada grabada en el contestador del teléfono).

VOZ DE JUANJO: Soy Juanjo, otra vez... Quedamos en que yo venía a recogerte, ¿no?... (*Extrañado*). ¿Qué estás haciendo?... Llevo más de veinte minutos en doble fila. Bueno, ahí queda eso... Nos vemos allí... Adiós.

(*Miguel quiere saber qué hora es, pero no lleva el reloj puesto. Sobre todo, no comprende por qué la luz del flexo sigue encendida. Busca en su bolso el reloj*).

(Cuarta llamada grabada en el contestador del teléfono).

VOZ DE JUANJO: (*Música de fondo. Ambiente de fiesta. Juanjo habla en voz alta*).

¿Miguel dónde estás?

VOZ DE AMIGO: (*Interviene de repente*). ¡Miguel!

VOZ DE JUANJO: Joder, vaya noche me estás dando. Se supone que estamos celebrando tu cumpleaños...

VOZ DE AMIGO: (*Habla por encima de Juanjo en la frase anterior*). ¡Dile que han venido unas tías que están buenísimas!... (*La voz del amigo se aleja*). Ya verás cómo viene...

VOZ DE JUANJO: Paso de ti, Miguel... como estés de bajón otra vez por el tema de los cojones... (*Parece que alguien le ha quitado el teléfono*). ¡Dame el teléfono, joder!... (*Ambiente de fiesta. Se corta la llamada*).

(*Miguel ha encontrado el reloj. No funciona*)

(Quinta llamada grabada en el contestador del teléfono. Voces de chicas requiriendo la presencia de Miguel. La llamada se corta rápidamente).

Escena tercera. La ducha

Miguel va hasta el teléfono. El hombre parece resignado y se acerca a él mirándole directamente por primera vez. Le estudia. Miguel marca un número, pero no obtiene respuesta. Cuelga. Acciona la grabación de mensajes. Coge su chaqueta. Allí encuentra el móvil. Está apagado.

Intenta ocultar que el silencio le pone nervioso, que la oscuridad le intimida, que está desorientado, torpe. Sudando. Ante la imposibilidad de saber la hora o utilizar el teléfono, decide animarse poniendo un poco de música. Desnudándose, encendiendo las luces, se dirige concretamente a uno de los estantes del vestidor con la puerta abierta. Tras el cristal de esta puerta se distingue una sombra indefinida. De allí coge una camiseta, unos vaqueros... tiene prisa. Cierra la puerta perdiéndose dentro del baño. Desde el interior nos llegará el sonido del agua cayendo caliente sobre él.

La sombra indefinida ha tomado forma cuando Miguel ha cerrado la puerta del armario. La forma de un hombre colgado por el cuello desde las vigas del techo. Oscilando como un péndulo. Vestido con la misma ropa que Miguel se ha quitado y ha dejado agrupada en el suelo. No podemos ver su cara. Está de espaldas, inerte, pesado, acompañado por la música y el vaho desertando del interior del baño.

A pesar de las luces encendidas, el hombre se ha refugiado en las sombras atrapadas en la casa.

(Sexta llamada grabada en el contestador del teléfono).

VOZ DE MARTA: (*Preocupada*). Miguel... llámame en cuanto escuches este mensaje, por favor. ¿Esteban está contigo? ¿Lo has visto? La policía ha llamado a mi padre... han encontrado su coche... estamos muy preocupados... (*Recapacita. Situación embarazosa*). De verdad, siento molestarte precisamente hoy... (*Le gustaría seguir hablando, pero decide dejar las explicaciones*). Gracias.

(Séptima llamada grabada en el contestador del teléfono).

VOZ DE JUANJO: *(Detrás voces de gente)*. Si todavía quieres celebrar algo dame un toque para saber dónde estamos. No tengo ni idea de a dónde vamos.

VOZ DE CHICA: Miguel... tengo tu regalo esperándote... (*Risas*).

VOZ DE CHICA: ¿Dónde estás, capullo?

(*Miguel sale del baño secándose. Corre para coger la llamada*).

VOZ DE JUANJO: ¿Qué haces? (*Se corta la llamada*).

(Intenta llamar pero parece que la línea no funciona. Recupera los mensajes accionando los dos últimos. Escucha el mensaje dejado por Marta... Decide volver rápido al baño. Antes de entrar, algo le detiene de espaldas a la habitación. Unos segundos. Decide apagar el CD. Silencio. Escucha el mensaje atento al silencio, a su alrededor... De nuevo regresa al baño mientras la voz de Juanjo se repite otra vez. Finge no escuchar un sollozo, una respiración entrecortada procedente del vestidor. El hombre abandona las sombras. Está nervioso).

Escena cuarta. La visita

El sollozo es cada vez más tangible. Tras las sombras del vestidor algo revuelve la ropa colgada. Miguel sale del baño arrastrando un traje de neopreno del cual sustrae el arnés y de este, un gancho de acero. Con la intención de defenderse con la ayuda del contundente gancho, camina despacio acercándose al balbuceo.

El hombre parece más nervioso.

En el exterior, una tormenta cruza el cielo iluminando tenebrosamente parte de la casa, al hombre suspendido por la cuerda y el camino a seguir por Miguel para llegar hasta su visita. Cuando la encuentre, el gancho caerá de sus manos, se mostrará alarmado y, sobre todo, desubicado.

Y el hombre, inquieto, saldrá parcialmente de las sombras. Preocupado, observador.

MIGUEL: ¿Esteban?... ¡Esteban!... ¿Qué haces?

ESTEBAN: Esta vez no me he quedado dormido. (*Ha estado llorando. Se frota la cara con brusquedad*).

MIGUEL: (*No lo entiende*). ¿Dormido? ¿Qué haces aquí? ¿Estás bien?

ESTEBAN: ¿Y tú?...

MIGUEL: Yo... (*Miguel está desorientado. Esteban se levanta con dificultad. Sus articulaciones están clavadas en la postura en que lo encontró Miguel*). ¿Te ha pasado algo?

ESTEBAN: Sí.

MIGUEL: ¿El qué?

ESTEBAN: Ayúdame... (*Van hacia el sofá con mucha dificultad*). No tengo mucho tiempo.

MIGUEL: ¿Cómo?

ESTEBAN: Tienes que escucharme con atención... (*Esteban le agarra con fuerza la cara. Intenta no llorar*).

MIGUEL: Está bien... tranquilo... siéntate... tranquilo... ¿quieres algo?... ¿un poco de agua?

ESTEBAN: No.

MIGUEL: ¿Cómo has entrado?...

ESTEBAN: (*No contesta*).

MIGUEL: ¿Por qué no me has dicho que estabas aquí? Me has dado un susto de muerte, cabrón...

ESTEBAN: (*No contesta*).

MIGUEL: ¿Por qué me miras así?... Tío, no estás bien... tranquilízate, ¿vale? ¿Tienes frío? (*Le ofrece la manta*). ¿Cómo has entrado? ¿Hemos... venido juntos?

ESTEBAN: No te acuerdas de nada.

MIGUEL: ¿De qué tengo que acordarme?

ESTEBAN: No te acuerdas de lo que ha pasado...

MIGUEL: ¿Qué ha pasado?

ESTEBAN: No sabes nada...

MIGUEL: ¿Qué es lo que no sé? Vamos a ver, Esteban, relájate... ¿de acuerdo?

ESTEBAN: No tengo mucho tiempo. Tienes que escucharme con atención, es muy importante.

Escena quinta. El mensaje

MIGUEL: (*Asiente*).

ESTEBAN: Ahora no tienes memoria. Aunque te esfuerces no recordarás casi nada. Pero debes intentarlo, porque si no lo intentas, no vas a creerme. Y es muy importante para ti que puedas creerme. ¡No me mires así! ¡Te estoy hablando en serio! (*Desesperado*). Debes esforzarte, debes recordar, algo... piensa...

MIGUEL: ¿En qué quieres que piense?

ESTEBAN: Piensa, Miguel, piensa... cierra los ojos... (*Le cubre los ojos con las manos*). Esfuérzate... agárrate a lo primero que entre en tu cabeza...

MIGUEL: Esto es una gilipollez... Esteban... ¿estás de broma?

ESTEBAN: ¡No tengo tiempo, joder¡ ¡Piensa! ¡Piensa! ¡Piensa!

(*Esteban y el hombre se miran fijamente*).

MIGUEL: Tu hermana me devolvió las llaves. ¿Cómo has entrado? ¿Por qué estabas ahí escondido?

ESTEBAN: (*Resignado*). No me escondo, Miguel, ya no puedo esconderme.

MIGUEL: ¿Pero de qué estás hablando?

ESTEBAN: ¡Piensa! ¡Piensa!

MIGUEL: ¿En qué quieres que piense?

ESTEBAN: Cierra los ojos, concéntrate...

MIGUEL: ¡Ya vale, joder!

ESTEBAN: ¡Créeme, por Dios! ¡Créeme!

MIGUEL: ¿Qué hora es?

ESTEBAN: ¿Por qué?

MIGUEL: ¿Qué hora es? (*Busca la hora en las muñecas de Esteban*).

ESTEBAN: (*Refiriéndose al reloj*). Se ha parado... ¿Sabes qué día es hoy? ¿No? ¿Y sabes por qué no lo sabes?

MIGUEL: Porque... he dormido demasiado tiempo y ya no tengo costumbre. Yo qué sé.

ESTEBAN: No recuerdas nada... no recuerdas qué estabas haciendo antes de quedarte dormido... (*Ríe*). Y es un vacío acojonante... porque, cuando de repente te despiertas, tienes la sensación de que tu cuerpo no es el mismo, es diferente, inflexible, como un trozo de madera... como si estuvieras hecho de una sola pieza, sin articulaciones, rígido... Te cuesta empezar y orientarte, no sabes qué hacer... por eso debes concentrarte lo antes posible y recordar algo... algo que te lleve a antes de ese sueño.

(*Fluye por toda la casa un rumor de susurros, voces ininteligibles. Miguel no puede oírlas, en cambio tanto el hombre como Esteban se percatan del desagradable siseo*).

MIGUEL: Esteban...

ESTEBAN: ¡Créeme, por favor!

MIGUEL: Esteban, tu hermana ha llamado... está muy preocupada por ti. (*Esteban se derrumba. No puede evitar la emoción*). Esteban, ¿me oyes? Están todos muy preocupados...

ESTEBAN: (*Extrañado*). ¿Has hablado con ella?

MIGUEL: No, ha dejado un mensaje en el contestador... ¿qué pasa?

ESTEBAN: (*Al hombre*). ¡Tienes que hacer algo!

MIGUEL: (*Asustado*). ¡Esteban!

ESTEBAN: ¡Tienes que hacer algo! ¡Hijo de puta! ¡No te quedes ahí, mirando! ¡Haz algo!

MIGUEL: (*Sujetándole*). Esteban... Esteban... vamos a ver...

ESTEBAN: (*A Miguel*). ¡Déjame! (*Acercándose al hombre*). Tiene que recordar... tienes que ayudarnos...

MIGUEL: ¡Esteban, cálmate!

ESTEBAN: Piensa, Miguel, piensa...

MIGUEL: ¿Con quién hablas?

ESTEBAN: Con él...

MIGUEL: Ya está bien, Esteban...

ESTEBAN: Tú no puedes verlo, pero está ahí... y esta vez no está solo.

Escena sexta. La herida

Las voces, lamentándose, como queriendo no ser descubiertas, se alejan de la casa poco a poco.

MIGUEL: Siéntate... vamos a calmarnos...

ESTEBAN: Es que no hay tiempo, Miguel. El hombre no se ha ido...

MIGUEL: ¿Qué hombre, joder?

ESTEBAN: El hombre de la trampilla...

MIGUEL: ¿La trampilla?

ESTEBAN: Sí... joder... cierra los ojos, piensa...piensa... la trampilla, el hombre... tú querías bajar...

EL HOMBRE: (*Le interrumpe inmediatamente. Se aproxima con rapidez a Miguel y Esteban*). No puedes hacer eso.

ESTEBAN: ¡Cállate!

MIGUEL: (*Vuelve a sujetarlo intentando calmarle*).¡Ya basta, Esteban!

(*Silencio*).

ESTEBAN: ¿Qué te pasa? ¿Tienes frío? ¿Puedes sentirlo?

MIGUEL: Esteban, voy a llamar a tu familia...

ESTEBAN: Tienes frío... Piensa. La trampilla, el hombre, tú estabas empeñado en bajar...

MIGUEL: No, creo que llamaré a un médico.

ESTEBAN: (*Al hombre*). Dile algo... haz algo... tiene que creerme... ¡Haz algo, maldita sea!

(*Miguel descuelga el teléfono*).

ESTEBAN: No podrás hablar con nadie...

MIGUEL: ¿Hola?... ¿Oiga?

ESTEBAN: ...Él está aquí.

EL HOMBRE: Será mejor que nos marchemos, Esteban.

ESTEBAN: ¡Ni lo sueñes! No pienso dejarle... ¡no te acerques!

MIGUEL: Joder... ¿oiga?, ¿me oye?... es urgente... ¿señora?

ESTEBAN: Nadie puede oírte...

MIGUEL: (*Cuelga y marca otro número*).

ESTEBAN: ¿A quién llamas?

MIGUEL: A tu hermana...

ESTEBAN: No podrás hablar con ella...

MIGUEL: (*Asustado*). Quédate ahí sentado...

ESTEBAN: No podrá escucharte... (Al hombre). ¡No te acerques a él!

MIGUEL: ¿Marta? ¿Marta?... ¿me oyes?... Marta, soy Miguel...

ESTEBAN: ¡No te acerques a él!

MIGUEL: (*Asustado, irritado, tira el teléfono al suelo*).

ESTEBAN: (*Cogiendo el teléfono*). No, no, no hagas eso. Marta va a llamar. (*Lo deja en su sitio*). Necesitamos que haya línea.

EL HOMBRE: Tú no puedes hacer esto.

ESTEBAN: (*Agresivo*). No quiero que me hables... No quiero que me digas lo que puedo o no puedo hacer. (*De repente calmado, a Miguel*). Mi hermana llamará dentro de poco... pero si no recuerdas nada, si sigues pensando que estoy loco... no nos servirá de nada.

MIGUEL: Esteban, yo estoy contigo... necesito que te calmes... necesito que estés bien... ¿Qué?... ¿paramos un poco?... ¿estás de acuerdo?... Eso es... tranquilízate...

ESTEBAN: Busca mi herida, Miguel.

EL HOMBRE: Esteban...

ESTEBAN: Busca mi herida, Miguel... por favor.

MIGUEL: No tienes ninguna herida...

ESTEBAN: Cierra los ojos... cierra los ojos, eso es. Se supone que debería de estar fastidiando tu fiesta de cumpleaños, como todos los años... ¿Te acuerdas del año pasado?

(*Silencio. El hombre expectante ante la reacción de Miguel*).

MIGUEL: (*Se abalanza contra Esteban. Le levanta la camisa y palpa su estómago, buscando*). No tienes ninguna herida...

ESTEBAN: (*Divertido*) ¡Ja! Lo ha conseguido... lo hemos conseguido... (*Se sube al sillón*). ¿Qué te parece, gran hombre? ¡Lo ha recordado!

(*El hombre no parece divertirse. Observa inquisidor*).

MIGUEL: Tu ropa estaba manchada...

ESTEBAN: Eso es... ¡Sí! He ganado el primer asalto. ¿Qué te parece, gran hombre?

MIGUEL: ¿Qué está pasando?

ESTEBAN: Sigue recordando... sigue recordando... ¡vamos! ¿Te acuerdas de él?

MIGUEL: ¿De quién?

(*El hombre pasa por su lado. Miguel nota su presencia*).

ESTEBAN: No puedes verlo, pero puedes sentirlo... puedes sentir cómo camina cerca de nosotros, cómo nos mira, cómo nos hiela la sangre y pretende meternos el miedo en el cuerpo. Sí... ¡pero yo he ganado el primer asalto!

EL HOMBRE: No has ganado nada.

ESTEBAN: Yo no estaría tan seguro de eso.

MIGUEL: ¿Con quién coño estás hablando?

ESTEBAN: Con él... él me encontró, pero no esperaba encontrarse contigo... Salió de la trampilla... tú le echabas huevos... no importa si no lo recuerdas... Un momento, mírame... ¡mírame! (*Miguel obedece*). Te conozco... sí lo recuerdas... ¡Sí lo recuerdas! ¡Sabes de quién te estoy hablando!

EL HOMBRE: Debes dejarlo...

ESTEBAN: (*Orgulloso*). Eres un cabronazo... (*Al hombre*)... ¿Qué te parece, gran hombre? Mi amigo se acuerda de ti... (*A Miguel*). No hay mucho tiempo, ¿entiendes? ¿Me crees ahora? ¿Me crees?

MIGUEL: Esteban, me he despertado hace un rato... he dormido demasiado y me duele bastante la cabeza. (*Se dirige al vestidor. Coge unos zapatos, unos calcetines y una chaqueta*). Juanjo me debe estar esperando en alguna parte... todo el mundo estará borracho esperándome en algún sitio...

ESTEBAN: ¿Qué haces?

MIGUEL: Vamos a buscar un médico... no puedes seguir en este estado...

ESTEBAN: Pero... te has acordado de mi herida...

MIGUEL: ¿Qué herida? No hay ninguna herida... nunca ha habido una herida... ni un hombre que quiera meternos miedo... todo eso está en tu cabeza... en tu jodida cabeza...

ESTEBAN: (*Al hombre*). ¡Haz algo para que me crea!

MIGUEL: ¡Nadie va a hacer nada porque aquí no hay nadie!

ESTEBAN: (*Al hombre*). Haz algo para que me crea...

MIGUEL: ¡Termina con esto, Esteban!

ESTEBAN: ¡Mi herida!... ¿Quieres concentrarte en mi herida?... (*Al hombre*). Haz algo, por favor... haz algo... (*Abatido*). Tiene que creerme... No puedo dejarle morir... haz algo...por Dios, haz algo...

Escena séptima. La silla

El hombre arrastra una silla y se sienta. Miguel retrocede, sorprendido. Esteban se muestra triunfador, casi feliz.

MIGUEL: ¿Cómo has hecho eso?

ESTEBAN: No he sido yo. Necesitabas una prueba para creerme, ¿no? Aquí la tienes. Él está sentado justo ahí, tú no puedes verlo, pero está.

MIGUEL: (*Se aparta de Esteban, de la silla, casi es engullido por las sombras*).

ESTEBAN: Está arrepentido, no nos mira. El hombre se ha descubierto. Lo he conseguido otra vez, Miguel. Ahora tienes que hacer todo lo que te diga, ¿de acuerdo?

(*El hombre brinca de la silla desplazándola unos metros. Miguel se asusta, retrocede, no entiende nada. El hombre se enfrenta a Esteban*).

EL HOMBRE: No puedes seguir.

MIGUEL: (*Abordando a Esteban*). Eres tú... lo has hecho... tú, ¿verdad?

ESTEBAN: Te he dicho que no... ha sido él. Ahora está cabreado...

(*El hombre lo agarra del pecho precipitándolo contra el suelo. Miguel se aparta, asustado, buscando un lugar de la casa donde sentirse seguro. El hombre da un manotazo sobre la mesa arrastrando notas, papeles y planos. Apenas hay distancia entre el hombre y Miguel cuando todo cae al suelo. Entre tanto, Esteban parece divertirse, a pesar de ser arrastrado por el hombre hasta la silla, a pesar de la aterradora reacción de Miguel, casi cobijado bajo la mesa*).

EL HOMBRE: Tú no puedes alterar el caos... fue su elección y ahora no podemos hacer nada. Si sigues con esto, ¿cómo crees que va a vivir el resto de su vida sabiendo lo que sabe?

ESTEBAN: No puedo dejarle solo... él significa muchas cosas para mí... y para gente que me importa.

EL HOMBRE: (*Lo levanta de la silla y lo empuja contra Miguel, casi resguardado bajo la mesa*). Mírale...

ESTEBAN: (*Junto a Miguel*). Miguel es fuerte...

EL HOMBRE: ¿No te das cuenta? Está asustado...

ESTEBAN: Miguel, no debes tener miedo...

MIGUEL: Vete de aquí, Esteban...

ESTEBAN: ¡No digas eso!

MIGUEL: Vete de aquí... vamos, sal de mi casa...

EL HOMBRE: Es una buena elección...

ESTEBAN: (*Al hombre*). No, no lo es...

MIGUEL: ¿Con quién coño estás hablando?

ESTEBAN: Con el hombre que encontramos en el edificio... ¿recuerdas?

MIGUEL: ¿Cómo coño estás haciendo todo esto?

ESTEBAN: (*Desesperado*). Miguel...

El HOMBRE: Se acaba el tiempo para los tres, Esteban.

ESTEBAN: Miguel, por favor, tienes que oírme...

MIGUEL: ¿Quién es el hombre del edificio?

ESTEBAN: (*Grita desesperado*). No lo sé... (*Silencio*). Es... mi mensajero... y ahora yo soy el tuyo. (*Se miran, respirando fuerte*). ¿Harás lo que te diga...?

EL HOMBRE: No puedes decirle que está muerto.

ESTEBAN: (*Agresivo. Golpeando el suelo con la palma de la mano*) No lo está... no lo está... (*Se levanta del suelo dirigiéndose al hombre. Miguel le sigue*). Todavía no... todavía no...

MIGUEL: (*Rindiéndose a lo que no quiere creer*). ¿Qué ha dicho?...

ESTEBAN: (*Deteniendo su recorrido hacia el hombre. Recreándose en la pregunta*). Bien... tienes que creerme, aunque tu cabeza no pueda soportarlo.

MIGUEL: ¿Qué pasó cuando te ayudé a bajar?

ESTEBAN: (*Al hombre*). Ahora tienes que ayudarme... por favor. Y nos iremos...

MIGUEL: ¿Por qué no puedo verle?

EL HOMBRE: Porque no es tu momento...

Escena octava. Advertencias

Silencio. Esteban no esperaba la colaboración del hombre. Los mismos susurros de antes vuelven a recorrer la casa. Son palabras, enunciados que se pisan unos con otros, pronunciados de forma extraña por diferentes bocas, nada halagüeños.

ESTEBAN: (*Repite*). Porque no es tu momento...

MIGUEL: ¿Qué había allí abajo? ¿Por qué no lo recuerdo?

EL HOMBRE: Porque no debe recordar...

ESTEBAN: (*Al hombre*). Gracias. (*Repitiendo a Miguel*). No te conviene recordar lo que vimos allí juntos...

EL HOMBRE: Si quiere continuar...

ESTEBAN: (*Repite*). Si quieres continuar...

MIGUEL: ¿Continuar con qué?

EL HOMBRE: Con tu vida.

ESTEBAN: (*Repite*). Con tu vida.

MIGUEL: (*Ríe*). Esto es de locos... ¿con mi vida? ¿Qué quieres decir?

EL HOMBRE: Tú te has convertido en su mensajero...

ESTEBAN: (*Intentando interpretar las palabras del hombre*). Estoy aquí para decirte algo importante, Miguel.

EL HOMBRE: ... y tu mensaje quizás no resuelva las cosas...

ESTEBAN: Es muy duro, por eso debes ser fuerte... ¿entendido?

EL HOMBRE: ... porque a partir de tu mensaje lo recordará todo... y tendrá que aprender a vivir sin mirar hacia atrás... (*Directamente a Esteban*). ¿Crees que tu amigo es tan fuerte? ¿Crees que tu amigo será capaz de no hacerse preguntas?

MIGUEL: ¿Qué está diciendo?

EL HOMBRE: Recordará su cuello atado a una cuerda... recordará tu herida y tu ausencia. Nunca estará solo, siempre estará acompañado.

MIGUEL: Sigue hablando...

EL HOMBRE: Sus ojos podrán ver cosas que nunca ha visto y podrá sentir sentimientos que no son suyos. Podrá sentir la alegría y el sufrimiento de los demás...

MIGUEL: ¿Qué dice? ¡Contesta!

EL HOMBRE: Tendrá que crear su propio orden dentro del caos que tú has originado. ¿Crees que Miguel es un hombre capaz?

MIGUEL: ¿Qué está diciendo?

ESTEBAN: Miguel... ven conmigo...

MIGUEL: Tengo frío...

EL HOMBRE: Ya no estamos solos, Esteban... (*El murmullo se desvanece una vez más, esta vez con rotundidad*).

Escena novena. La puerta

ESTEBAN: (*Se sitúan debajo del cuerpo ahorcado*). ¿Recuerdas el accidente?

MIGUEL: Tu accidente...

ESTEBAN: Eso es... cuando volví al coche, asustado, nervioso...

MIGUEL: ¿Quién es esa mujer?

ESTEBAN: ¡No! Mírame solo a mí... a mí... no mires a ninguna parte... ¿entendido? Cuando volví al coche y logré arrancar, tenía a la chica delante, apuntándome con la pistola. Yo arranqué, fui hasta ella y todavía escucho el zumbido de su cuerpo chocando contra el cristal del coche. Me salí de la carretera... y después caminé... caminé... hasta llegar a nuestro proyecto. Y allí me escondí... lo mejor es que ya estaba muerto... no necesitaba esconderme...

MIGUEL: (*Ríe*). ¿Quién es esta gente que está entrando en mi casa?

ESTEBAN: No mires a nadie... no debes ver más de lo que has visto... ni escuchar más de lo que has escuchado...

El HOMBRE: Que no se detenga en lo que está sintiendo...

ESTEBAN: Cuando me encontraste yo estaba muerto...

MIGUEL: ¡Pero qué coño estás diciendo y quién es toda esta gente!

ESTEBAN: ¡Mírame¡ ¡Muerto! Pero ahí estabas... otra vez... ayudándome.

MIGUEL: ¿Por qué no puedo verle? ¿Por qué antes sí? ¿Por qué no recuerdo su cara?

(*Parpadea la luz del flexo*).

EL HOMBRE: Esteban...

ESTEBAN: Hay cosas que no puedo explicar...

MIGUEL: Yo tampoco. Porque cuando bajamos noté un vacío distinto, y mucha paz. Como si pudiera tocar mis sentidos. Tenía las respuestas a todas mis preguntas y pude ver a todos los que se habían ido. No había dolor... era como un estado perfecto y sin embargo...

ESTEBAN: Te encerraste aquí... creyendo volverte loco... pero todo lo que viste, lo que sentiste, todo ese rechazo que te produjo tanta perfección, te ha llevado a terminar con tu vida. Estoy aquí porque estás muerto... como yo... como el hombre... como las personas que nos rodean y que tú no debes mirar nunca...

EL HOMBRE: Esteban...

ESTEBAN: Nunca... nunca debes mirarlos, nunca debes escucharlos. Es muy fácil, solo tienes que seguir adelante. Se trata de elegir una opción y tú debes elegir seguir adelante. Como siempre. Cuando me vaya, no te permitas pensar en todo esto. Voy a impedir que acabes con tu vida, al menos voy a intentarlo. No era tu momento, no debiste bajar conmigo...

MIGUEL: Puedo sentirlos aquí... rodeándonos... puedo volver a escuchar los pasos de aquel hombre. ¿Por qué está nervioso?

ESTEBAN: Porque no te queda mucho tiempo... Abrirás la puerta de casa... la dejarás abierta... solo tienes que hacer eso Miguel, abrir una puerta.

MIGUEL: Pero y si...

ESTEBAN: Ahora sonará el teléfono... y luego abrirás la puerta. (*Insiste con dureza*). No mires a nadie...

MIGUEL: Tengo miedo...

ESTEBAN: Tú nunca tienes miedo, Miguel. Yo solo quería cambiar... alejarme de ti... De Marta. De todos. Buscaba mi señal... ¿te acuerdas?

(*Suena el teléfono. Se activa el contestador*).

VOZ DE MARTA: (*Llorando*). Miguel... Han encontrado el cuerpo de mi hermano. Ha tenido un accidente... no sé dónde estás pero si escuchas este mensaje quiero que sepas que te necesitamos... otra vez... Esteban te quería mucho...

MIGUEL: (*Va hacia el teléfono*). ¡Marta!

EL HOMBRE: Esteban, debemos irnos.

MIGUEL: (*Descuelga el teléfono*). ¡Marta, por Dios!... Marta, tu hermano está aquí... ¿Por qué no me oye? ¡Esteban, quiero hablar con ella! (*Decaído. Cuelga el auricular*).

EL HOMBRE: (*Esteban se dirige hacia el teléfono. A Esteban*).¡No debes hablarle!

ESTEBAN: (*Con un hilo de voz. Pulsa una tecla*). ¿Marta?

EL HOMBRE: ¡No puedes implicarla!

MARTA: (*A través del altavoz*). ¿Esteban? ¡Dios mío! ¿¡dónde estás...!?

ESTEBAN: Tranquila... estoy bien. Muy bien.

MARTA: Pero si acaban de llamar y nos han dicho... (*Aliviada. Muy exaltada*). ¡Dios mío! ¿Estás bien?

ESTEBAN: Escúchame, hermanita... es muy importante que hagas algo...

MARTA: (*Preocupada*). ¿Qué pasa?

ESTEBAN: Tienes que venir a casa de Miguel...

MARTA: (*Muy preocupada*). ¿Pero tú estás bien? ¿Y dónde está Miguel?

ESTEBAN: Miguel está conmigo. Siempre está conmigo. Marta...

MARTA: Qué...

ESTEBAN: Escucha, tienes que venir a casa de Miguel. Ahora mismo...

MARTA: Por qué...

ESTEBAN: Te quiero... mucho... os quiero a todos... pero a ti sobre todo... hay tantas cosas que quisiera decirte, a los dos...

MARTA: ¿Esteban, qué pasa? Me estás asustando... Quiero hablar con Miguel...

ESTEBAN: Sobre todo te voy a echar mucho de menos...

MARTA: (*Confundida*). ¿Dónde vas?

ESTEBAN: Adiós, Marta.

MIGUEL: (*Proyectando la voz sobre el teléfono. De espalda a Esteban y al hombre*). ¿Marta? ¡Marta!

MARTA: ¿Pero qué pasa?... (*Lo llama muy nerviosa*). ¡Este ban! ¡Esteban! (*Cuelga*).

MIGUEL: Necesito hablar con ella...

(Ya no hay nadie con él. No hay nada vivo con él, salvo los muertos, expectantes, observadores, los que solo pueden ver sus ojos. Miguel tiene frío, llora como un niño. En el exterior la lluvia regresa con fuerza y a él solo le queda abrir la puerta. Y al abrirla, una luz exterior se desdibuja sobre la casa. Los observadores se marchan. Le dejan solo. Dejan solo a ese cuerpo pendiente de una cuerda. En el instante donde la muerte se debate con la vida).

(*Oscuro*).

(*Fin del tercer acto*).

ÍNDICE

Este libro se terminó de editar en Granada

en mayo de 2025 por

Aliarediciones

www.aliarediciones.es

info@aliarediciones.es